Freiheitsdressur und Zirkuslektionen

Freiheitsdressur und Zirkuslektionen

Eine Anleitung für Freizeitreiter

von Franco Gorgi

Copyright © 2001 by Cadmos Verlag GmbH, Lüneburg
Gestaltung und Satz: Ravenstein Brain Pool
Titelfoto und Innenfotos: Hans D. Dossenbach und Monika Dossenbach
Druck: Westermann Druck, Zwickau
Alle Rechte vorbehalten.
Abdrucke oder Speicherung in elektronischen
Medien nur nach vorheriger schriftlicher
Genehmigung durch den Verlag.

Printed in Germany

ISBN 3-86127-355-1

Inhalt

Vorwort von Dr. Ewald Isenbügel — 8

Zirzensische Lektionen –
Vertrauen ist der Weg zur Freiheit — 10
Geschichte der Freiheitsdressur — 10
Philosophie der Freiheitsdressur — 11
Nutzen der Freiheitsdressur — 15

Anforderungen an den Menschen –
Ruhe, Entschlossenheit und Konzentration sind gefragt — 18
Trainer — 18
Hilfsperson — 19

Anforderungen an das Pferd –
Cool muss es werden — 20
Rasse — 20
Charakter — 20
Größe — 21
Alter — 21
Gesundheit — 21
Ausbildung — 23
Haltung — 27

Hilfsmittel –
Am Schluss geht's ohne — 28
Übungsplatz — 28
Material — 28
Stimme — 33
Belohnungswürfel — 33

Trainingseinheiten –
Freiheitsdressur allein reicht nicht — 35

Vorübungen –
Elastizität und Aufmerksamkeit sind der Anfang — 36
Dehnungen — 36
Aufmerksamkeit holen — 38
Gewöhnung an Material und Hilfen — 42

Bergziege –
Das ist Dehnung pur — 47
Grundsätzliches — 47
Vorbereitung — 48
Aufbau — 48

Kompliment –
Damit verabschieden Sie sich elegant — 57
Grundsätzliches — 57
Vorbereitung — 57
Aufbau — 60

Knien –
Das ist der Weg zum Liegen — 80
Grundsätzliches — 80
Vorbereitung — 82
Aufbau — 82

Liegen –
Das Vertrauen ist perfekt — 92
Grundsätzliches — 92
Vorbereitung — 94
Aufbau — 95

Sitzen –
Ein Pferd präsentiert sich witzig — 109
Grundsätzliches — 109
Vorbereitung — 110
Aufbau — 110

Vorführungen –
Das Wie ist eine Überlegung wert — 120

Weiterführende Übungen –
Sie sind noch lange nicht am Ende — 123

Zum Schluss –
Diese Grundsätze sollten Sie nie vergessen — 124

Widmung — 125
Danksagung — 126
Franco Gorgi — 127
El Aswan — 128

Vorwort

Foto: Prof. Dr. med. vet. E. Isenbügel

Noch nie war die hippologische Szene so facettenreich und offen wie heute. Nie haben wir über Pferde aller Länder so viel Informationsmöglichkeiten in Wort, Schrift, Film und anderen Medien gehabt.

Eine Vielzahl von Rassen mit ihren züchterisch profilierten Eigenheiten in Exterieur, Verhalten und Gangeigenschaften wird bei uns in Mitteleuropa in ganz unterschiedlichen Haltungssystemen gehalten und in unglaublicher Fülle der Reitstile und Nutzungsrichtungen eingesetzt. Bei keiner anderen Tierart ist die Spanne der Verwendung so groß, vom Pony hinter dem Haus zum Gernhaben bis zum Olympischen Gold.

Viel Neues wird in Ausrüstung, in Hilfsmitteln, in Reitstilen von überall her übernommen, erfunden, angepasst, man besinnt sich neben allem Neuen, Fremdländischen in einer wahren Renaissance auf alte Schulen und Meister. Neben der reiterlichen Betätigung ist vor allem der Umgang und nahe Kontakt zu Pferden, der Beziehungsreichtum im Umgang mit ihnen in seiner ganzen Vielseitigkeit der Grund der ständig steigenden Pferdezahlen.

Wir wissen heute über das Pferd so viel wie nie zuvor, über seine Lebensäußerungen und sein Verhalten, seine Ansprüche an Bewegung, Sozialkontakt, Ernährung und seine psychische und physische Reifezeit in der Jugend, über seine Ausbildung und seine Belastbarkeit in Sport und Freizeit. Wir kennen die rassespezifischen Besonderheiten in Charakter und Bewegungsdynamik und die vielen Möglichkeiten der Ausbildungsrichtungen, der Kommunikation und des Verstehens seines Ausdrucksverhaltens.

Trotzdem haben wir oft den intuitiven Zugang zum Pferd vor lauter Wissen verloren, wir sind Kopfreiter geworden, wie der Isländer sagt, und unsere Beziehungen zum Pferd sind kompliziert geworden. Wir leben nicht mehr in vertrauensvoller, beobachtender tägli-

VORWORT

cher Nähe, sondern unsere Begegnungen mit Pferden sind terminiert und von Erwartungen geprägt. In unserer Beziehung oft überfordert, suchen wir Hilfe an allen Orten. Korrekturbeschläge, Spezialfütterung, Ausrüstungsgegenstände, alternative und komplementäre Heilmethoden, wir tanzen und singen mit unseren Pferden und finden für jede Frage eine Antwort in Buch, Video, bei Ausrüstern und in Lehrgängen.

Dabei bieten viele dieser neuen Zugänge zum Pferd wertvolle andere Beziehungsmöglichkeiten und können die über Härte und Druck künstlich geschaffene Dominanz in gegenseitiges Vertrauen wandeln, ein anderes Bewusstsein bei Reitern und Pferden und andere Lernkonzepte ermöglichen, die Lösungen für Verhaltens- und Körperprobleme bieten können.

Hier bietet die Freiheitsdressur, kenntnisreich aufbauend und unter Einsatz subtiler Signale auf der Basis des Pferdeverhaltens, eine faszinierende Möglichkeit, Zugang zu Pferden zu finden, mit ihnen nicht nur verbal zu sprechen, sondern Kontakt zum Zweck der Begegnung und Beeinflussung aufzunehmen und dabei eine beglückende, gefühlvolle Antwort zu spüren.

> *Der wertvollste Aspekt der Freiheitsdressur liegt in der Verfeinerung und Vertiefung der Kommunikation zwischen Mensch und Pferd und dem großen gymnastizierenden Effekt, besonders der Dehnung und Kräftigung der Rückenmuskulatur.*

Franco Gorgi hat ein besonderes Flair für den Umgang mit Pferden und Menschen, besonders mit Kindern. Aus seiner reichen Erfahrung in der Ausbildung von Pferden heraus und auf Grund seiner Fähigkeit, natürliche Verhaltenselemente des Partners Pferd besonders feinfühlig auslösen und anwenden zu können, hat er ein sorgfältig in Begründung und Ausbildungsschritten aufgebautes Buch verständlich und einleuchtend nachvollziehbar geschrieben.

Das Wichtigste sind seine Aussagen zu Philosophie und Nutzen der Freiheitsdressur, seine Achtung und klare Stellung zum Pferd in der kommunizierenden Arbeit und die Bedeutung der Ausführungen über „Aufmerksamkeit beim Pferd wecken und erhalten".

Ein klar geschriebenes Buch, aus dem vieles auch für den täglichen Umgang mit Pferden zu entnehmen ist und dem ich daher eine weite Verbreitung wünsche.

Prof. Dr. med. vet. E. Isenbügel
Zootierarzt/Zoo Zürich
Dozent für Pferdezucht
Koautor von „Die Stallapotheke"

Freiheitsdressur und Zirkuslektionen

Zirzensische Lektionen –

Vertrauen ist der Weg zur Freiheit

GESCHICHTE DER FREIHEITSDRESSUR

Zirzensische Vorführungen mit Pferden waren schon zu Zeiten der alten Griechen und Römer bekannt und gehörten vor allem während der Barockzeit zum Amusement des gesamten europäischen Adels.

Von Kommunikation ist hier nichts zu sehen.

Berühmt wurde vor allem die Reithalle der Spanischen Hofreitschule in Wien, die einerseits zur Ausbildung der adeligen Jugend und der Pferde für den Kunstritt diente, andererseits aber auch Schauplatz verschiedenster Feste und Veranstaltungen war. Manche Lektionen der hohen Schule, vor allem die ohne Reiter ausgeführten Schulsprünge, waren Vorläufer der Freiheitsdressur.

Die Vorführung dressierter Pferde gehörte später und bis heute zu den Glanzpunkten großer Zirkusvorstellungen. Die mit verhaltenem Feuer im Arenenrund tanzenden Pferde, die auf Kommando steigenden blütenweißen Schimmel oder wie poliert glänzenden Rappen begeistern jedes Zirkuspublikum.

Pferdeleute freilich sind über Zirkusdressuren geteilter Meinung. Viele belächeln sie als zwar hübsche, aber doch nicht ernst zu nehmende Angelegenheit, andere verurteilen sie sogar als reine Tierquälerei.

Allerdings gibt es zwei Arten von Dressur, die man grundsätzlich unterscheiden muss. Die Tierbändiger der alten Schule waren häufig Dompteure, die sich die Tiere mit schmerzhaften, oft sehr trickreichen Gewaltmethoden gefügig machten und sie buchstäblich das Fürchten lehrten.

Im Gegensatz zu dieser harten Methode hat sich schon vor Jahrzehnten die moderne, so genannte zahme oder weiche Dressur entwickelt. Sie basiert nicht auf Gewalt, sondern auf dem Verstehen der Tierpsyche und gegenseitigem Vertrauen. Der moderne Dresseur kennt sich, intuitiv und erlernt, sehr gut im artgemäßen Schema des Verhaltens aus und weiß, wie seine Tiere instinktiv auf bestimmte Situationen reagieren. Dank seiner geistigen Überlegenheit ist er imstande, dies zu seinen Gunsten auszunützen. Die Tiere betrachten ihn als Herdengenossen, und zwar als den ranghöchsten, als das Leittier. Das ist das ganze Geheimnis. Nur so ist es möglich, ein Dutzend kraftstrotzender, feuriger Hengste ohne Zügel oder Longe, nur mit Gesten und akustischen Zeichen zu lenken. Das ist die hohe Kunst der Freiheitsdressur.

Mit dem Wort Freiheitsdressur verbinden wir meistens solche Zirkusdarbietungen. Auch den Ausdruck Showtricks bringen wir mit dem Zirkus in Zusammenhang, sah man doch sich frei bewegende Pferde, die für eine bestimmte Show dressiert wurden, früher nur im Zirkus. Mittlerweile hat sich das jedoch geändert. Im Rahmenprogramm vieler Pferdeveranstaltungen sieht man heute Vorführungen mit Elementen aus der Freiheitsdressur.

Bis heute dem Zirkus vorbehalten ist das freie Longieren in der Gruppe, denn für den nicht professionellen Pferdehalter ist es fast unmöglich, sich mehrere Pferde zu leisten. Alle anderen Übungen jedoch werden inzwischen von zahlreichen Laien ausgeführt.

Noch bis vor wenigen Jahren wurden die Trainingsmethoden für diese Showtricks in den Zirkussen streng geheim gehalten. Erst seit jüngerer Zeit erhält die Öffentlichkeit Zugang zu dieser Arbeit. In verschiedenen Zeitschriften wurde darüber berichtet, es werden bereits verschiedene Lehrmethoden angepriesen und in vielen Kurszentren gehören Lehrgänge über Freiheitsdressur heute schon zum Standardangebot.

Immer mehr Leute suchen nach alternativen Beschäftigungsmöglichkeiten mit ihren Pferden. Reiten allein genügt ihnen nicht mehr. Allerdings steht in den seltensten Fällen die traditionelle Präsentation der Lektionen im Vordergrund. Auch wagen es nur wenige, vor einem Publikum aufzutreten. Die Motivation, mit Pferden *zirzensische Lektionen* – so heißt der eigentliche Fachausdruck – einzuüben, ist heute viel größer als noch vor kurzer Zeit und das hat verschiedene Gründe. Sie werden im Verlaufe dieses Buches erläutert.

PHILOSOPHIE DER FREIHEITSDRESSUR

Als ich begann, mich mit Ideen der Freiheitsdressur zu befassen, träumte ich von freien Pferden, die mir aufs Wort gehorchten. Es war mir zwar bewusst, dass dies ein Traum bleiben würde, trotzdem fesselte mich dieses Thema und ich fing an, mich darin einzuarbeiten.

Das Wort „Freiheitsdressur" enthält einerseits den Begriff *Freiheit*, welcher für mich und meine Arbeit der wichtigste Leitfaden ist. Andererseits steckt der Ausdruck *Dressur* drin, was zunächst wie ein Widerspruch klingt.

Diese gegensätzlichen Inhalte versuche ich nun zu verbinden:

> Ich dressiere das Pferd, indem ich es Schritt für Schritt mit einer neuen Aufgabe vertraut mache. In jeder Phase des Erarbeitens einer zirzensischen Lektion soll es das Gelernte *selbständig* ausführen, denn mein oberstes Ziel ist und bleibt *ein sich in Freiheit bewegendes Pferd*. Dieses Ziel behalte ich von Anfang bis Ende im Auge und erreiche damit, dass das Pferd *aus freien Stücken mitarbeitet, auch wenn es sich jederzeit dem Dressurakt entziehen könnte*.

Natürlich bin ich realistisch genug, die Freiheit jeweils den Gegebenheiten anzupassen. Sie kann bei uns nicht unbegrenzt sein, sondern der Bewegungsraum muss so definiert werden, dass weder für das Pferd noch für die Umgebung Gefahren entstehen. In diesem vorgegebenen Raum soll das Pferd sich aber vollkommen frei bewegen können.

Will ich nun erreichen, dass mein Pferd unter diesen Voraussetzungen eine Übung freiwillig erledigt, so ist die oben beschriebene Grundhaltung von wichtigster Bedeutung. Soll ein Pferd zur Mitarbeit bewegt werden, muss dies über gegenseitiges Vertrauen und Verständnis geschehen, nie über Druck oder gar Einschüchterung. Mit Druck können durchaus Teilziele erreicht werden, ohne Vertrauen fehlt jedoch die freudige Mitarbeit des Pferdes. Wenn Dresseur und Pferd sogar gegeneinander arbeiten, führt das unter Umständen zu unnötigen Gefahren, und bestimmt entsteht bei einer solchen Vorführung nie das Gefühl von freudiger Zusammenarbeit.

> Methoden, bei denen das Pferd auf irgend eine Art unter Druck gesetzt wird, vermeide ich also auf jeden Fall.

Ebenfalls ungeeignet erscheinen mir Vorgehensweisen, die zwar als völlig zwangsfrei angepriesen werden, nach meinen Erfahrungen aber zu Unannehmlichkeiten oder gar zu gefährlichen Situationen führen können.

Dies kann geschehen, wenn das Pferd ausschließlich mit einer Belohnung in die gewünschte Bewegung oder Position gelockt wird. Viele Pferde arbeiten nämlich nur so lange kooperativ mit, bis die Belohnung verzehrt ist. Oft werden sie aggressiv oder sogar bissig, wenn die Belohnung einmal zu spät kommt oder gar ausbleibt.

Genauso problematisch ist es meines Erachtens, dem Pferd bei gewissen Übungen die Beine mit den Händen hochzuhalten. Hat es einmal gelernt, bei dieser Hilfestellung zum Beispiel das Kompliment zu machen oder sich hinzulegen, kann es sein, dass es beim Ausräumen der Hufe oder beim Aufhalten für den Hufschmied plötzlich die entsprechende Übung ausführt.

Eine Methode, die häufig von den Profis im Zirkus angewendet wird, besteht darin, das Pferd mit mehreren Longen in die Bewegung zu führen. Für den Laien ist allerdings der damit verbundene personelle Aufwand in der Regel nicht realisierbar. Die Idee jedoch, das Pferd beim Erarbeiten einzelner Übungen mit bestimmten *Hilfsmitteln* zu begleiten, erscheint mir nachahmenswert. Auch in der Ausbildung meiner Pferde benütze ich Hilfs-

ZIRZENSISCHE LEKTIONEN

mittel, und die Erfahrung hat gezeigt, dass sie – wenn sie richtig eingesetzt werden – von größtem Nutzen sind. Sie erleichtern es dem Pferd enorm, die neue Aufgabe zu verstehen, und helfen ihm, sie korrekt auszuführen.

Allerdings birgt die Anwendung von Hilfsmitteln große Gefahren, die man bewusst vermeiden muss. Beim Einsatz von Gerte, Longe, Zügeln und weiteren Hilfsmitteln braucht es viel Fingerspitzengefühl! Nur wer genau über ihre Wirkungsweise Bescheid weiß und damit fachgerecht und verantwortungsbewusst umgeht, kann verhindern, dass sie zu Zwangsinstrumenten werden.

Dies kennen wir auch aus der Reiterei. Sporen zum Beispiel, mit denen dem Pferd feinste Signale exakt übermittelt werden können, sind wahre Marterwerkzeuge, wenn sie unsachgemäß verwendet werden. Und eine treffende Redewendung besagt: Jede Trense ist so scharf wie die Hand des Reiters.

Viele Leute, die sich der Freiheitsdressur zuwenden, sind vom spielerischen Umgang von Mensch und Pferd beeindruckt.

> Tatsächlich wirken zirzensische Lektionen oft wie ein *Spiel* und sie sind es auch, im wahren Sinne des Wortes. Spiele laufen nämlich nach bestimmten *Regeln* ab, und in diesem Fall ist es sehr wichtig, dass immer der Mensch die Spielregeln definiert.

Gelingt es dem Pferd, diese festzulegen, entstehen enorme Gefahren für den Menschen. Will man sich ernsthaft mit der Freiheitsdressur befassen und diese als neue Herausforderung in die Arbeit mit dem Pferd einbauen, muss man sich mit der Verbindlichkeit des Spielens auseinander setzen: Kinder, die in ein Spiel versunken sind, bleiben mit Konsequenz und Ausdauer bei ihrer Tätigkeit und lassen sich nicht so leicht davon abbringen. Sie sind mit Leib und Seele bei der Sache und achten genau darauf, dass die Spielregeln nie vernachlässigt werden. Eine solche Haltung ist nötig, wenn wir uns mit Hilfe der Freiheitsdressur neue Kommunikationsmöglichkeiten erarbeiten wollen. Diese können uns über die Freiheitsdressur hinaus in allen Bereichen des Umgangs mit unserem Pferd weiterbringen und uns unendlich viel Freude bereiten.

In diesem Buch geht es vor allem um Freiheitsdressurübungen, die das Pferd zum Boden hin bewegen, wie das *Kompliment,* das *Knien* und das *Abliegen* und *Sitzen.*

All diese Übungen leiten sich aus dem ursprünglichen Verhalten in der Herde ab. Auch das Steigen gehört eigentlich zu diesem natürlichen Bewegungsrepertoire der Pferde. Ich empfehle jedoch aus Sicherheitsgründen, dass es nur von sehr erfahrenen Pferdebesitzern geübt wird.

Lektionen wie Ja- und Nein-Sagen, Apportieren, Stoßen und Lachen behandle ich nicht in diesem Buch, da diesen zirkustypischen Showtricks kein allgemein erzieherischer Wert zugeschrieben werden kann. Im Gegenteil, von wenig erfahrenen Leuten mit ihrem Pferd geübt, geraten diese Tricks schnell außer Kontrolle und entwickeln sich bei manchen Tieren zu Untugenden.

Mit dem Einhalten der Spielregeln wird das gegenseitige Vertrauen deutlich gefördert.

Dafür beschreibe ich sehr ausführlich einige wichtige *Vorbereitungsübungen,* die das Erarbeiten der genannten Lektionen wesentlich erleichtern, da sie dem Pferd helfen, das von ihm Geforderte zu verstehen.

Dieses Buch soll als *Leitfaden* für das Erlernen von zirzensischen Lektionen dienen. Dies bedeutet, dass meine Ausführungen im Sinne von Vorschlägen benutzt werden können. Nicht immer lässt sich jede Anregung Wort für Wort in die Praxis übertragen, denn überall wo Menschen mit Pferden arbeiten, treffen zwei Individuen mit besonderen Eigenheiten aufeinander. Das muss berücksichtigt werden!

Es wird vielleicht Situationen geben, in denen abgeänderte oder neue Ideen gefragt sind. Die allgemeinen Regeln dürfen dabei jedoch nicht in Vergessenheit geraten.

Auf keinen Fall sollte dieses Buch als Lehrbuch für den Alleingang verwendet werden. Beim Eintauchen in die Welt der Freiheitsdressur treten so viele Fragen auf, verbale und nonverbale Signale müssen genau koordiniert und die Reaktionen des Trainers auf Fehler des Pferdes immer wieder kontrolliert werden. Vor allem das Nichtbeachten von Fehlern muss man üben, damit es nicht zu negativen Verstärkungen kommt! Ich empfehle deshalb jedem Neueinsteiger, zuerst einen *Einführungskurs* in Freiheitsdressur zu besuchen und erst danach mit Hilfe dieses Buches zu Hause weiter zu arbeiten. Zudem betrachte ich es als unerlässlich, einzelne Schritte der Arbeit regelmäßig von einem Ausbilder beurteilen und so die Qualität der Arbeit überprüfen zu lassen. Dazu kommt der Erfahrungsaustausch mit Gleichgesinnten: Er ist in allen Phasen der Ausbildung zu empfehlen, denn dabei können sich alle Beteiligten zugunsten ihrer Pferde weiterentwickeln.

NUTZEN DER FREIHEITSDRESSUR

> Der wertvollste Aspekt der Freiheitsdressur liegt eindeutig in der *Verfeinerung und Vertiefung der Kommunikation* zwischen Mensch und Pferd.

Das Pferd kann eine Übung nur dann in Freiheit ausführen, wenn es verstanden hat, was der Mensch von ihm will. Kommt es einem Befehl nicht nach, ist der Mensch gezwungen, die ihm zur Verfügung stehenden Kommunikationsmittel neu zu überdenken. *Versteht das Pferd nicht, was von ihm verlangt wird, liegt es am Menschen, seine Sprache zu verändern.* Da es dessen Bedürfnis ist, dem Tier etwas verständlich zu machen, ist es auch seine Aufgabe, Wege zu finden, wie das Tier die Signale verstehen und ihnen Folge leisten kann.

Bei jeder Verweigerung müssen wir bereit sein, unsere bisherige Arbeit in Frage zu stellen. Wir müssen lernen, das Verhalten des Pferdes genauer zu beobachten, um herauszufinden, weshalb die Kommunikation nicht funktioniert. Und wir müssen unser Verhalten so verändern, dass dem Pferd klar wird, was wir von ihm wollen.

Wenn im täglichen Umgang von Mensch und Pferd Probleme auftauchen, die eventuell durch Kommunikationsschwierigkeiten ausgelöst werden, kann das Erarbeiten einzelner zirzensischer Lektionen zu einer besseren Verständigung und damit zu einem kooperativeren Umgang führen.

Nicht selten wurzeln die größten Verständigungsschwierigkeiten in der *Dominanzfrage*.

> Das Pferd will von seiner natürlichen Veranlagung her einerseits führen und bestimmen oder andererseits geführt und bestimmt werden. Die Position des Individuums innerhalb der hierarchischen Struktur der Herde gewährleistet jedem einzelnen Tier *soziale Sicherheit*.

Wenn die Position des Pferdes gegenüber dem Menschen nicht klar ist, können zirzensische Lektionen zur Klärung beitragen. Einige Übungen in der Freiheitsdressur sind gerade darum so wertvoll, weil sie die Klärung der Dominanz geradezu herausfordern. Wird dabei der Umgang vom Pferd positiv erlebt und gelingt die Kommunikation zwischen Mensch und Tier, so ist die Basis für Vertrauen gelegt. Das Pferd merkt, dass es sich in der Obhut des Menschen sicher und wohl fühlen kann, und akzeptiert die Dominanz des Menschen. Am Ende der Ausbildung überwiegt das spielerische Element, während im Hintergrund die Beantwortung der Dominanzfrage wirksam bleibt.

Auch bei einem problemlosen Verhältnis von Mensch und Pferd ist der Aspekt der Kommunikationsförderung ein guter Grund, sich mit Freiheitsdressur zu befassen.

> Ein weiterer sehr wertvoller Aspekt ist die *Gymnastizierung*.

Die meisten Übungen der Freiheitsdressur haben einen großen gymnastischen Effekt. Sie stärken Körperteile, welche insbesondere beim Reiten stark beansprucht werden. So haben zum Beispiel die Übungen für die Bergziege eine enorme Wirkung auf die Muskulatur der gesamten Oberlinie. Sie bewirken eine starke Dehnung und somit Kräftigung der Rückenmuskulatur. Durch regelmäßiges Training können deshalb Verspannungen verhindert oder, wenn sie schon aufgetreten sind, gelöst werden. Auch die Übungen für das Kompliment und für das Knien dehnen und kräftigen große Teile der Rückenmuskulatur. Zudem werden Muskeln der Hinterhand, des Brustkorbes, der Schultern und der Vorderbeine gestärkt. Bei häufigem Training wird auch die Elastizität der Sehnen und Bänder gefördert.

Unter dem Gesichtspunkt der Gymnastizierung ist es ratsam, immer beidseitig zu üben. Im Showbereich wird oft zur Vereinfachung nur eine Seite trainiert, also zum Beispiel das Kompliment nur von der rechten Seite oder das Abliegen nur von der linken Seite. Wenn das Pferd aber nicht ausschließlich für die Freiheitsdressur eingesetzt wird, kann sich das sehr problematisch auswirken. Werden die Muskeln nur einseitig trainiert, hat dies zum Beispiel für die Reiterei negative Folgen.

> Jedes in der Freiheitsdressur eingesetzte Freizeit- oder Sportpferd sollte daher unbedingt sämtliche Lektionen von beiden Seiten beherrschen. Nur so kann die gymnastische Wirkung richtig zum Tragen kommen.

Zirzensische Lektionen tragen auch wesentlich zur Förderung der *Balance* bei. Sie schulen das Gleichgewicht des Pferdes und es lernt, in schwierigen Situationen, auch unter dem Reiter, die Balance leichter zu finden.

Die Freiheitsdressur fördert also in vielfältiger Weise die körperliche Entwicklung des Pferdes. Darüber hinaus wird der mentale Bereich angeregt. Man kann oft feststellen, dass Pferde, die verschiedene zirzensische Lektionen erlernen, ihre *Auffassungsgabe* entwickeln und verbessern. Die *Konzentrationsfähigkeit* wird erhöht, und es ist zu beobachten, dass das Pferd nach einem Fehler von sich aus versucht, die Erwartungen des Trainers zu erfüllen. Da der Mensch mit seinen neuen Aufgaben ebenfalls am Boden steht, findet das

Dieser Umgang mit Pferden bereitet offensichtlich Spaß.

Tier einen direkteren Zugang zu seinem Lehrer. Die *Bereitschaft zur Mitarbeit* erhöht sich, die Erfolgserlebnisse häufen sich, und so entwickelt sich die Freude am Lernen.

Diese Freude ist ein zentraler Aspekt. Das Erarbeiten der zirzensischen Lektionen soll Spaß machen! Die Übungen sollen in erster Linie Abwechslung in den Pferdealltag bringen und für beide Beteiligten eine neue Herausforderung sein. So werden Mensch und Pferd offen für Neues und daraus entsteht mehr Freude im Umgang miteinander.

Leider ist das bei vielen Pferdebesitzern im Training nicht selbstverständlich, denn oft bestimmen vor allem Ehrgeiz und Geltungsbedürfnis die Arbeit mit den Pferden. Solche Motive dürfen nie im Vordergrund stehen! Natürlich ist ein gewisser Ehrgeiz Voraussetzung für jeden Erfolg, er darf aber nie so weit gehen, dass dabei das Pferd in seinem Wesen überfordert wird.

Dies ist zu bedenken, wenn es darum geht, Pferde für eine Vorführung in Freiheitsdressur zu trainieren. Es ist eine großartige Aufgabe, eine vollständige Nummer einzustudieren und entstehen zu lassen, und auch wenn der Showauftritt nicht die einzige Motivation für das Einüben zirzensischer Lektionen ist, so stellt er für mich doch die Krönung der Arbeit dar. Am Erfolg der Vorführung wird erkennbar, ob der eingeschlagene Weg der richtige ist.

Es ist mir ein großes Anliegen, Pferdefreunde für die Freiheitsdressur zu begeistern, und Vorführungen sind die beste Möglichkeit, diese wunderschöne Arbeit mit Pferden zu verbreiten.

Anforderungen an den Menschen –

Ruhe, Entschlossenheit und Konzentration sind gefragt

TRAINER

Trainer sind oft Trainerinnen und Ausbilder nicht selten Ausbilderinnen. Wohl wissend, dass es bei der Arbeit und im Umgang mit Pferden genauso viele, wenn nicht mehr Frauen gibt als Männer, verwende ich der Einfachheit halber doch die männlichen Begriffe und hoffe, dass sich die weiblichen Pferdemenschen trotzdem angesprochen fühlen.

Bevor man sich mit seinem Pferd ins Abenteuer Freiheitsdressur stürzt, ist es ratsam, sich über die eigenen Fähigkeiten und Grenzen sowie diejenigen des Pferdes eingehend Gedanken zu machen. Fällt eine solche *Selbsteinschätzung* schwer, lohnt es sich, die Situation einer erfahrenen Pferdefachperson zu schildern und sie von ihr beurteilen zu lassen.

Einsteigerkurse sind in diesem Sinne eine große Hilfe. Sie sind nicht nur geeignet, den Ist-Zustand zu bestimmen, sondern sie können auch dazu beitragen, in der Auseinandersetzung mit dem Ausbilder Wege für ein vorbereitendes oder weiterführendes Training aufzuzeigen. Die eigenen Vorstellungen können überprüft und die neuen Anregungen geordnet werden, um zu verhindern, dass aus lauter Unerfahrenheit wichtige Gesichtspunkte vernachlässigt oder gar außer Acht gelassen werden.

Aber auch *erfahrene Pferdeleute* können vom Wissen eines Ausbilders immer wieder profitieren. Wenn sie schon auf einem hohen Niveau arbeiten, wird der Erfahrungsaustausch mit Gleichgesinnten erst recht interessant. Verschiedene Gesichtspunkte lassen sich gemeinsam diskutieren, Probleme erörtern und hoffentlich lösen. So kann man das Optimum in der Förderung des Pferdes erreichen und ihm dabei auch gerecht bleiben. Dieser Wille zur *stets neuen Reflexion des eigenen Tuns* ist eine der wichtigsten Voraussetzungen für das Ausüben der Freiheitsdressur. Und auch dieses Buch, welches erfahrenen Pferdeleuten zur Kontrolle des eingeschlagenen Weges dienen kann und vielleicht neue Tipps vermittelt, ersetzt eine solche Auseinandersetzung mit anderen Menschen nicht.

Grundsätzlich gibt es kein bestimmtes Maß an Pferdewissen, welches unerlässlich ist, um mit Pferden zirzensische Lektionen zu erlernen und auszuführen. Selbstverständlich kommt einem *ein reicher Erfahrungsschatz* im Umgang mit Pferden zugute, wichtig ist aber vor allem, wie man mit diesem Wissen umgeht und ob es einem auch gelingt, *für neue Erfahrungen und Möglichkeiten in der Kommunikation mit dem Pferd offen zu bleiben.*

Ein eigentliches *Grundwissen über das Verhalten der Pferde* ist allerdings Voraussetzung für die Freiheitsdressur. Zudem sollten alle üblichen Tätigkeiten im Umgang mit Pferden ohne Ängste durchgeführt werden können, das so genannte „Handling" muss also von einer weit gehenden *Sicherheit* geprägt sein. Je intensiver und vielseitiger die bisherige Arbeit mit Pferden war, desto leichter ist es, in der Freiheitsdressur Fortschritte zu machen und desto kleiner ist die Gefahr, sich und das Pferd in heikle Situationen zu bringen.

Damit sich das Pferd dem Menschen anvertraut, ist ein grundsätzliches *Wohlwollen* dem Tier gegenüber notwendig. Nur wenn es weiß, dass sein Trainer von ihm nichts Unmögliches verlangt, wird es sich bei ihm sicher fühlen und auch in schwierigen Momenten kooperativ mitarbeiten. Ebenfalls fundamental sind in diesem Zusammenhang eine *ruhige Entschlossenheit* sowie der nötige *Durchhaltewille,* um weiter zu kommen und ein Ziel zu erreichen.

Aus diesen Gründen sollten Kinder immer in Begleitung Erwachsener trainieren. Da sie viele Zusammenhänge wegen mangelnder Erfahrung noch nicht erkennen können, ist es für sie oft schwierig, den Ernst der Lage richtig zu interpretieren und in unerwarteten Situationen richtig zu reagieren.

Die *reiterlichen Fähigkeiten* haben auf die Freiheitsdressur keinen direkten Einfluss. Allerdings kann sich die Art und Weise, wie Reiter und Pferd bisher miteinander kommuniziert haben, sowohl positiv als auch negativ auf das Training der Freiheitsdressur auswirken.

HILFSPERSON

Beim Erarbeiten von zirzensischen Lektionen entstehen oft Situationen, die der Trainer ohne Hilfsperson kaum bewältigen kann. Es fehlen ihm manchmal einfach zwei Hände. Außerdem gibt es Übungen, bei denen das Pferd aus Sicherheitsgründen gehalten werden muss oder bei denen ein zusätzlicher Beobachter ganz wichtig ist.

Aus diesen Gründen ist es von unschätzbarem Vorteil, wenn die Hilfsperson ebenfalls ein Pferdemensch ist, das heißt, wenn sie das Wesen des Pferdes gut kennt und seine Reaktionen richtig einschätzen kann. Befasst sie sich auch selber mit der Freiheitsdressur, kann sie dem Trainierenden durch ihre genauen Beobachtungen und Rückmeldungen gute Dienste leisten, denn der gegenseitige Austausch trägt viel zur Qualität der Arbeit bei. Allerdings sollte ein solches Feedback immer erst *nach* einer Übung stattfinden. Dann ist Zeit für gut gemeinte Tipps und eingehende Diskussionen. Während der Lektion muss sich die Hilfsperson zurückhalten und nur das tun, was vorher vereinbart wurde. Dies muss unbedingt vor Beginn der Übung geklärt werden, damit während der Lektion keine Missverständnisse entstehen, die das Pferd verunsichern. Jede zusätzliche verbale oder körpersprachliche Äußerung, die nicht zu den Informationen gehört, welche das Pferd lernen soll, kann Verwirrung stiften, weil das Tier nicht mehr weiß, auf welches von den Signalen es nun reagieren soll. Um das zu verhindern, müssen die Kommandos ausschließlich Sache des Trainers sein, es sei denn, eine Situation spitze sich gefährlich zu. Dann ist selbstverständlich die Präsenz und Reaktion der Hilfsperson gefragt.

*Pferde verschiedenster Rassen eignen sich zur Freiheitsdressur.
Foto oben: F. Gorgi*

Anforderungen an das Pferd –
Cool muss es werden

Die Frage, mit welchem Pferd es möglich ist, Lektionen der Freiheitsdressur zu üben, muss aus verschiedenen Blickwinkeln beleuchtet werden.

RASSE

Die Rasse des Pferdes spielt meiner Ansicht nach keine Rolle. Natürlich eignen sich gewisse Rassen aufgrund ihrer spezifischen Merkmale besser als andere, das bedeutet aber nicht, dass bestimmte Rassen gänzlich ungeeignet wären.

CHARAKTER

Viel wesentlicher ist der *Charakter* des einzelnen Pferdes sowie sein *psychischer Zustand*. Ist das Pferd eher ängstlich oder mutig? Ist es ein ranghohes oder ein rangniedriges Tier? Hat es mit den Menschen vorwiegend gute oder schlechte Erfahrungen gemacht? Besteht zwischen dem Trainer und dem Pferd bereits eine wohlwollende Kommunikationsbasis mit gegenseitiger Akzeptanz, oder ist die Verständigung durch frühere Missverständnisse getrübt? Welche Dominanzverhältnisse herrschen zwischen dem Trainer und dem Pferd? Wie wirkt sich das Fressverhalten des Pferdes auf den Einsatz von Belohnungswürfeln im Training aus?

Dies sind wichtige Fragen, die zu Beginn der Freiheitsdressur – am besten zusammen mit einem erfahrenen Ausbilder - überlegt werden müssen, um zu beurteilen, wie geeignet das vorgesehene Programm ist oder mit welchen Problemen zu rechnen sein wird.

GRÖSSE

Die Größe des Pferdes lässt sich in diese Überlegungen gleich mit einbeziehen, denn das Größenverhältnis von Mensch und Tier wirkt sich wesentlich auf die Hilfengebung aus. So ist es zum Beispiel für eine kleine Person – vor allem wenn sie noch über wenig Erfahrung in der Freiheitsdressur verfügt – schwierig, auf ein sehr großes Pferd korrekt einzuwirken. Mit zunehmender Routine fällt dieser Faktor nicht mehr so stark ins Gewicht, zu Beginn ist es jedoch ratsam, ihn sorgfältig in Betracht zu ziehen. Besteht die Möglichkeit, zwischen verschiedenen Pferden zu wählen, sollten günstige Proportionen unbedingt berücksichtigt werden.

ANFORDERUNGEN AN DAS PFERD

ALTER

Das Alter des Pferdes ist demgegenüber weniger ausschlaggebend.

Natürlich lernen jüngere Pferde viel schneller und williger als ältere, denn ihre Unerfahrenheit und Neugierde lässt sie beinahe alles interessiert erforschen. Dabei erkennen sie jedoch auch die Schwächen eines unerfahrenen Trainers rasch und nützen sie sofort aus. Schon früh können sich also Fehler einschleichen, wenn die Lektionen nicht sorgfältig und konsequent aufgebaut werden.

Der Spieltrieb junger Lebewesen macht es möglich, dass schon Jährlinge an Freiheitsdressurübungen gewöhnt werden können. Junge Pferde bis zum Alter von ungefähr drei Jahren sollten aber meines Erachtens in erster Linie eine unbeschwerte Jugend im Herdenverband genießen können. Um ihre Pflege und eine eventuelle medizinische Versorgung zu gewährleisten, genügt ein minimaler Grundrespekt dem Menschen gegenüber, der auch als Basis für die spätere Ausbildung dient.

GESUNDHEIT

Nicht selten entscheiden sich Pferdebesitzer, ihr Tier mit Freiheitsdressur zu beschäftigen, weil es wegen einer *Verletzung oder Krankheit* nicht mehr geritten werden kann.

Ein harmonisches Größenverhältnis …

Es ist auf jeden Fall begrüßenswert, wenn verletzte, kranke oder auch alte Pferde nicht einfach stehen gelassen werden, sondern abwechslungsreiche und ihrer Befindlichkeit angemessene Aufgaben erhalten. Auf ihren speziellen Zustand muss aber unbedingt Rücksicht genommen werden. Die Freiheitsdressur stellt höchste Anforderungen an die Elastizität von Bändern, Sehnen und Muskeln und bei Erkrankungen des Bewegungsapparates (zum Beispiel Gelenke mit Arthrose) besteht daher die Gefahr einer Überbelastung. Bei Atemwegser-

… wirkt sich günstig auf die Hilfengebung aus.

krankungen hingegen spricht eigentlich nichts gegen das Erlernen von zirzensischen Lektionen, die Untersuchung des Tieres und die Besprechung der Situation mit einer medizinischen Fachperson ist aber sicherlich auch hier empfehlenswert.

AUSBILDUNG

Ein Pferd, das mit Lektionen der Freiheitsdressur vertraut gemacht werden soll, muss über eine einfache, aber solide Grundausbildung verfügen. Dazu gehört, dass es *problemlos*

Fantasievolle Longierarbeit ist eine ausgezeichnete Einstimmung für die Freiheitsdressur.

geführt werden kann, dass es *ruhig steht,* wenn es gehalftert und von einem Menschen am Führstrick gehalten wird, dass es auf ein leises Zeichen hin *weicht* und seine *Hufe heben* lässt.

Dies sind die *minimalsten Anforderungen* an ein Pferd – allerdings meiner Meinung nach nicht nur, um mit ihm in die Freiheitsdressur einzusteigen, sondern auch, um den gemeinsamen täglichen Umgang angenehm zu gestalten. Ein *angemessener Respekt* des Pferdes dem Menschen gegenüber ist die Grundvoraussetzung für jegliche Arbeit mit dem Pferd.

Hat das Pferd bereits andere Ausbildungen als die Freiheitsdressur durchlaufen und kennt es schon andere Arbeitseinsätze, so kann das, sofern es damit gute Erfahrungen gemacht hat, von Vorteil sein.

In der natürlichen Umgebung regenerieren sich die Pferde am besten.

Vor allem eine sinnvolle *Longierausbildung* eignet sich hervorragend als Vorbereitung für die Freiheitsdressur. Auch dabei steht der Trainer am Boden und das Pferd hat hauptsächlich auf seine Körperhaltung und auf seine Stimme zu achten. Allerdings trifft das nur dann zu, wenn der Longenführer sein Pferd nicht bloß Runde um Runde im Kreis herumrennen lässt, bis es müde und abgestumpft ist, sondern wenn er es körperlich und geistig zur Mitarbeit auffordert. Verschiebungen des Zirkels, Erweitern und Verkürzen der Distanz zwischen Mensch und Pferd sowie Gangarten- und Richtungswechsel können ein Longiertraining zu einer abwechslungsreichen und gymnastizierenden Aufbauarbeit werden lassen. Weiterbildungsangebote auf diesem Sektor gibt es heute viele und qualifizierte Ausbilder lassen sich ebenfalls finden.

Ein weiteres ausgezeichnetes Fundament für die Freiheitsdressur bildet die *Bodenarbeit*. Auch hier wird das Pferd vom Boden aus durch die Aufgaben hindurch begleitet und lernt sowohl aufmerksam zu folgen als auch selbständig mitzuarbeiten. Wer sich in diese wertvolle Arbeitsmethode vertiefen will, findet ebenfalls Kurse bei verschiedenen seriösen Anbietern.

Neben dem Training der Freiheitsdressur ist *Fahren oder Reiten* eine willkommene *Abwechslung* für das Pferd. Sein natürlicher Bewegungsdrang will befriedigt sein, und mit entspannten Fahrten oder Ritten ins Gelände und möglichst viel Weidegang kommt man diesem Bedürfnis am besten nach.

Je mehr Abwechslung das Pferd hat, desto besser kann es sich regenerieren, desto ausgeglichener, aufnahmefähiger und aufnahmebereiter wird es in der nächsten Trainingseinheit sein. Allerdings ist es nicht ratsam, das Tier gleichzeitig in verschiedenen Bereichen intensiv zu fördern. Wenn es in der Freiheitsdressur gerade neue Aufgaben lernt, sollten die anderen Beschäftigungen vor allem der Entspannung dienen und keine unbekannten Anforderungen stellen. Ist es dann mit den erarbeiteten zirzensischen Lektionen vertraut, kann zum Beispiel reiterlich wieder mehr von ihm gefordert werden und die zirzensischen Lektionen sorgen für Abwechslung.

HALTUNG

Ob das Pferd in einer Box steht oder in einem Offenstall, ob es alleine lebt oder in Gruppenhaltung, beeinflusst maßgeblich die Art und Weise, wie es sich auf die Freiheitsdressur (oder auf anderes) einlassen wird. *Die einzig richtige Stallhaltung gibt es nicht,* jedes System hat Vor- und Nachteile, die einfach im Trainingsprogramm berücksichtigt werden müssen.

Ich selber bevorzuge einen Offenstall, in dem jedes Pferd für die Fütterung und für die Erholung nach dem Training von den anderen separiert werden kann. Meine Pferde halte ich also in einer Gruppe mit individuellen Abtrennungsmöglichkeiten.

Die Gruppenhaltung mit Auslauf kommt den natürlichen Bedürfnissen der Pferde nach Luft, Licht, Bewegung und Sozialkontakten weitgehend entgegen, es gibt aber dabei Aspekte, die sich auf das Training eher ungünstig auswirken. Ein Pferd, das aus dem Herdenverband geholt wird, hat anfangs Mühe, sich auf die Arbeit mit dem Menschen zu konzentrieren, weil seine Gedanken noch bei den Artgenossen sind. Dies ist speziell bei ranghöheren Tieren zu beobachten. Deshalb ist es wichtig einem solchen Pferd *genügend Zeit* zu geben, bevor von ihm die volle Konzentration erwartet wird oder bevor es eine völlig neue Aufgabe in Angriff nehmen soll. Treten zu Beginn des Trainings Schwierigkeiten auf, sind sie also häufig nicht auf Widersetzlichkeit oder Unlust zurückzuführen, sondern ganz einfach auf die Natur des Herdentieres.

Bei einem Pferd, das in der Box gehalten wird, ist die Bereitschaft mitzuarbeiten meistens von Anfang an vorhanden, da es froh ist, der Einsamkeit und Langeweile zu entkommen. Weil es in der Box nur sehr geringe Bewegungsmöglichkeiten hat, ist jedoch vor allem darauf zu achten, dass es gut *aufgewärmt und gymnastiziert* wird, bevor es Übungen ausführt, welche an die Elastizität von Bändern, Sehnen und Gelenken hohe Anforderungen stellen.

Hilfsmittel –
Am Schluss geht´s ohne

ÜBUNGSPLATZ

Zwei Bedingungen muss ein guter Übungsplatz erfüllen. Sie betreffen die Umzäunung und die Bodenbeschaffenheit.

Es ist wichtig, dass der Übungsplatz von einer Abschrankung umgeben ist! Vor allem in fortgeschritteneren Phasen, wenn das Pferd nicht mehr gehalten wird, kann es schon geschehen, dass es sich einmal aus der unmittelbaren Nähe des Trainers weg bewegt. Ein eingezäunter Platz bietet sowohl uns als auch dem Pferd Schutz.

Der Boden muss aus einem Material bestehen, welches dem Pferd bei den Übungen, die zu Boden führen, die Freude an der Arbeit nicht verdirbt. Auf keinen Fall darf das Niederknien mit einer unangenehmen Empfindung oder gar mit Schmerzen verbunden sein, sonst wird die Fortführung des Trainings schwierig.

Auf einem Platz mit groben Holzschnitzeln gehen Pferde zwar auch zu Boden, um sich zu wälzen. Ein stechendes Holzstück nehmen sie dabei als vorübergehendes Übel in Kauf, weil sie anschließend in diesem rauen und beweglichen Untergrund zu einer „Kratzmassage" kommen. Manche Pferde genießen es sogar außerordentlich, sich im Schnee, in nassem Gras oder auf feuchter Erde zu wälzen.

Bei der Freiheitsdressur soll das Pferd jedoch lernen, immer wieder längere Zeit in einer bestimmten Position zu verharren und deshalb muss der Boden möglichst weich, fein und trocken sein.

Ein gedeckter Platz ist äußerst vorteilhaft, weil er das Training vom Wetter unabhängig macht. Während des Erarbeitens einer bestimmten Lektion ist es nämlich wichtig, täglich zu üben, egal ob es regnet oder schneit.

MATERIAL

Einer der wichtigsten Hilfsgegenstände ist die *Gerte.* Sie ermöglicht es dem Trainer, dem Pferd gezielte Signale zu geben, und zwar auch aus Distanz und ohne sich zu bücken oder vorzuneigen. Voraussetzung ist natürlich, dass die Gerte lang genug ist: Der Trainer sollte etwa einen Meter vor dem Pferd aufrecht stehen und einen der Vorderhufe mit der Spitze der Gerte berühren können. Die ideale Länge variiert je nach Größe des Trainers, in meinem Fall beträgt sie ohne die am Ende befestigte kurze Schnur (auf Schweizerdeutsch „Zwick" genannt) etwa 1,10 Meter.

Ich bevorzuge Gerten, die nicht zu hart sind und ein wenig federn können. Ganz speziell mag ich jene Modelle, die in den vordersten

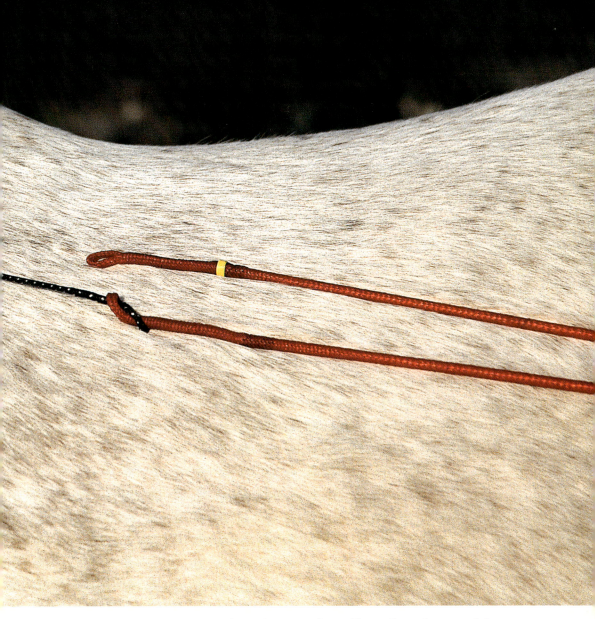

Es ist sinnvoll, am Anfang der Ausbildung den „Zwick" zu entfernen. Der vorderste Teil bis zur gelben Markierung ist noch ohne stabilen Innenkern. Foto: F. Gorgi

Zentimetern etwas weicher sind und an der Spitze diesen kleinen „Zwick" haben. Damit stehen nämlich drei Härtestufen zur Verfügung, die differenziert eingesetzt werden können. Zum ganz feinen Touchieren dient der weiche „Zwick", etwas deutlicher wird das Signal mit dem kernlosen Geflecht, das die ganze Gerte umhüllt, und ganz unmissverständlich ist ein Zeichen mit dem stabilen Teil der Gerte. Meine Lieblingsgerten gehören erfreulicherweise zu den preiswertesten, die es auf dem Markt gibt.

Sowohl ein Reitzaum ...

Ebenfalls zur Standardausrüstung gehört ein *Stallhalfter* oder ein *Zaum*. Welches der zwei Kopfstücke sich besser eignet, kann nicht generell festgelegt werden. Entscheidend ist, mit welchem von beiden das Pferd beim Training aufmerksamer mitarbeitet. Ist es bereits an die Trense gewöhnt, schlage ich in der Regel vor, es zuerst mit dem Zaum zu probieren. Wenn das Pferd die erarbeiteten Übungen einmal gut kennt, wird man sowieso auf das Kopfstück verzichten können.

Das Zaumzeug soll mit einer einfachen Wassertrense ausgestattet sein und ich empfehle, sämtliche Nasenbänder (Sperrhalfter) zu entfernen. So hat das Pferd die Möglichkeit, das Maul aufzusperren, wenn ihm ein Druck

... als auch ein verschnallbares Stallhalfter können ihren Zweck erfüllen.

oder Zug unangenehm wird, und damit dem Trainer anzuzeigen, wann dessen Einwirkung über die Zügel zu stark wird. Beobachtet der Mensch das Tier genau und nimmt er die Reaktionen ernst, so kann er lernen, sein eigenes Handeln fein zu dosieren. Durch das Entfernen des Nasenbandes besteht allerdings die Gefahr, dass die Trense im Pferdemaul seitlich verschoben wird. Ein Kinnriemen, wie er bei Westernzäumungen üblich ist, schafft hier Abhilfe.

Beim Stallhalfter ist darauf zu achten, dass es während der Arbeit satt anliegt. Es muss deshalb nicht nur im Genickbereich verstellbar sein, sondern auch beim Nasen- oder Kinnriemen. Nur so kann es optimal angepasst werden, und nur wenn es gut sitzt, können dem Pferd damit klare Signale übermittelt werden. Alle nicht verstellbaren oder aus runden Seilen gefertigten Stallhalfter (zum Beispiel Pat-Parelli-Halfter) scheinen mir für die Freiheitsdressur ungeeignet. Sie hängen meist viel zu locker am Pferdekopf, sind oft zu fein und dadurch zu scharf. Auch ist diese Art von Stallhaltern in der Regel so gefertigt, dass es eher schwierig ist, Zügel seitlich zu befestigen.

Zusätzlich zum Zaumzeug oder zum Stallhalfter braucht man *Zügel*. Die beim Reiten benutzten Zügel sind für das Erarbeiten von zirzensischen Lektionen aber meistens zu lang. Sie sollten, wenn sie leicht angenommen werden, nur bis zum Widerrist reichen. Nun sieht man häufig, dass zu lange Zügel auf der Höhe des Widerristes einfach verknotet werden. Diese Notlösung hat aber ihre Tücken, denn vor allem bei Anfängern, die mit der Koordination noch Mühe haben, verfängt sich der Knoten bestimmt gerade im dümmsten Moment in der Mähne. Die Übung kann dann nicht richtig ausgeführt oder muss sogar abgebrochen werden. Das ist schade und für das Pferd verwirrend! Aus diesem Grund lohnt es sich, Zügel in der richtigen Länge zu besorgen. Da es jedoch beim Einstieg in die Freiheitsdressur nicht sinnvoll ist, für teures Geld eine Spezialanfertigung machen zu lassen, rate ich zu folgendem Vorgehen: Man nehme einen einfachen Führstrick, kaufe einen zweiten Haken, knote ihn an der richtigen Stelle ein und schneide das Ende ab. Günstig, praktisch und auch wenn verschieden große Pferde im Stall stehen, die verschieden lange Zügel benötigen, immer noch erschwinglich.

Ein weiteres wichtiges Hilfsmittel ist die Longe. Allerdings handelt es sich dabei nicht um eine der bekannten Longierlongen, sondern um eine *Beinlonge*. Sie ist je nach Größe des Pferdes drei bis vier Meter lang und hat an einem Ende eine Schlaufe.

Bis heute habe ich noch nirgends eine Beinlonge in der gewünschten Ausführung zum Kauf angeboten gesehen. Sie ist aber ganz einfach selber herzustellen. Weil das Material der meisten gebräuchlichen Longen zu grob und zu unbeweglich ist, empfehle ich, ein einfaches Spannset zu kaufen, das in jedem Do-it-yourself-Laden, in Supermärkten oder bei Tankstellen erhältlich ist. Wichtig ist, dass das Band möglichst fein gewoben ist, denn je feiner es ist, desto gleitfähiger wird es. Dadurch verringert sich die Gefahr des Hängenbleibens sowohl beim Pferd als auch beim Menschen und somit auch das Risiko von Verletzungen.

Als letzter wichtiger Ausrüstungsgegenstand sind die *Handschuhe* zu nennen. Überall, wo mit Longen gearbeitet wird, sind sie unerlässlich, denn schnell kann es passieren, dass einem das Pferd mit einer raschen kräftigen Bewegung die Longe aus der Hand zieht. Dadurch können üble Verletzungen entstehen, die sehr schmerzhaft sind. Mit Handschuhen lassen sie sich aber leicht vermeiden.

STIMME

Ein zentrales Hilfsmittel in der Freiheitsdressur ist die Stimme des Trainers. Sie ermöglicht unmittelbare, direkte Signale, die jederzeit gezielt eingesetzt werden können. Egal in welcher Situation und Körperhaltung sich der Trainer befindet, auch wenn er keine Hand mehr frei hat, die Stimme steht ihm jederzeit zur Verfügung. Zudem ist sie ein hoch differenziertes, unmissverständliches Instrument. Das Pferd kann anhand der Tonlage sowohl die Bedeutung der Aussage als auch die Stimmung des Trainers genau erkennen.

Leider wird der Stimme in der Arbeit mit Pferden oft zu wenig Beachtung geschenkt. Beim Reiten ist es teilweise sogar verpönt, mit dem Pferd zu sprechen. Und wenn die Stimme zum Einsatz kommt, dann meistens nur zum Tadeln.

> In der Freiheitsdressur ist die Stimme eines der wichtigsten Elemente der Signalgebung.

In erster Linie dient die Stimme dazu, dem Pferd klar zu machen, welche Übung von ihm verlangt wird. Über die Wiederholung eines bestimmten akustischen Signals (zum Beispiel „Kompliment") lernt das Pferd, die Bezeichnung mit der verlangten Übung in Verbindung zu bringen. Später wird es das Wort oder den Laut so verinnerlicht haben, dass es bei dessen Erklingen die entsprechende Übung in Freiheit selbständig ausführt.

Die zweite wichtige Aufgabe der Stimme ist das Quittieren dessen, was das Pferd tut. Dabei ist vor allem der Tonfall von Bedeutung, das gewählte Wort ist sekundär. Ob das Pferd also mit „Gut", „Brav", „Schön" oder „Fein" oder anderen Ausdrücken gelobt wird, spielt keine wesentliche Rolle. Vielmehr ist es wichtig, immer dasselbe, möglichst kurze Wort zu verwenden, denn dies erleichtert dem Pferd das Verständnis enorm. Deshalb rate ich dazu, für die gesamte Ausbildung des Pferdes hauptsächlich zwei Wörter, ich nenne sie Schlüsselwörter, zu benutzen, eines für erfüllte Aufgaben (zum Beispiel „Brav"), das zweite für unerfüllte Erwartungen (zum Beispiel „Nein"). Mit dem negativen Schlüsselwort wird aber lediglich signalisiert, dass das Pferd nicht das Gewünschte tut. Auf keinen Fall wird es für eine falsche Bewegung getadelt! Emotionale Reaktionen wirken verstärkend und sollen deshalb nur in positiven Situationen vorkommen! Hier heißt es also für den Trainer, seine eigenen Gefühle gut zu kontrollieren!

BELOHNUNGSWÜRFEL

Sie sind sehr umstritten, die Leckerbissen, deren Palette von Apfel- und Rüeblistücken über hartes Brot bis hin zu Würfeln jeder Farb-, Form- und Geschmacksrichtung geht.

Es gibt Befürworter und es gibt Gegner ihres Einsatzes und beide Lager beharren hartnäckig auf der Richtigkeit ihrer Theorie. Die Argumente, die in diesem Glaubenskrieg ins Feld geführt werden, sind denn auch teilweise etwas eigenartig.

Ich bin davon überzeugt, dass Futter als Belohnung nicht einfach grundsätzlich zu begrüßen oder abzulehnen ist, sondern dass es bei dieser Frage – wie überhaupt beim Umgang mit Pferden – auf das Wesen des einzelnen Pferdes, auf die Persönlichkeit des Trainers und vor allem auf das Zusammenspiel der beiden ankommt.

Ich selber benütze Belohnungswürfel und setze sie ganz gezielt ein. Sie dienen in gewissen Fällen als Lockmittel, hauptsächlich verwende ich sie jedoch als positive Verstärkung im Lernprozess. Der Belohnungswürfel unterstreicht verbales Lob nach einer gelungenen Übung oder nach einem gelungenen Teilschritt. Beim Kauen entspannt sich das Pferd und kann sich anschließend auf eine neue Übung konzentrieren.

Sobald das Pferd allerdings eine Übung nur noch mit Hilfe oder wegen des Belohnungswürfels ausführt, muss der Trainer über die Bücher gehen. Dann ist nämlich etwas schief gelaufen und die Art und Weise des gemeinsamen Übens muss überdacht werden. Dies gilt nicht nur für Situationen, in denen das Pferd gierig nach Leckerbissen (oder sogar Händen) schnappt, sondern auch dann, wenn es den Belohnungswürfel verschmäht. Ein solches Alarmzeichen könnte auf eine Überforderung des Pferdes hindeuten und muss sehr ernst genommen werden.

Ich empfehle dringend, Essbares immer in einer speziellen, dafür bestimmten Bauchtasche zu versorgen. Erstens wird diese Tasche mit dem bevorzugten Inhalt zu einem Trainingsgegenstand, der gezielt und überlegt eingesetzt wird. Zweitens wird dadurch verhindert, dass das Pferd beginnt, ständig alle Jacken- und Hosentaschen zu untersuchen. Dies ist nämlich nicht nur äußerst unangenehm, sondern es kann ein Pferd sogar zu einem Beißer erziehen.

Belohnungswürfel können, wenn sie richtig eingesetzt werden, eine große Hilfe für die Verständigung zwischen Mensch und Tier sein.

Trainings-einheiten –

Freiheitsdressur alleine reicht nicht

In der Arbeit mit Pferden wird überall dieselbe Meinung vertreten: Kurze Sequenzen mit angemessenen Pausen sind das optimale Rezept. Gilt das auch für die Freiheitsdressur? Selbstverständlich! Dennoch sind die Sequenzen nicht mit denen der Reiterei gleichzusetzen.

> Die eigentlichen Einheiten, die wir in der Freiheitsdressur erarbeiten, sind sehr kurz. Sie belaufen sich auf höchstens zehn bis zwanzig Minuten pro Trainingseinheit.

Dafür ist es von Vorteil, wenn sie zwei- bis dreimal pro Tag wiederholt werden. Die Einheiten sind so lange zu wiederholen, bis das Pferd einen Übungskomplex, wie etwa die Bergziege, erlernt hat. Natürlich ist es den wenigsten möglich, ein solches Training zu gewährleisten. Zur Not reicht es deshalb auch, wenn nur einmal täglich trainiert wird: Zwei- bis dreimal am Tag ist der Idealfall, einmal aber ist das Minimum, um in einer angemessenen Zeit Erfolg zu haben.

Wenn nur einmal täglich trainiert werden kann, so heißt dies aber nicht, dass man die Trainingseinheiten deswegen verlängern darf.

Dieser scheinbare „Ausgleich" funktioniert nicht! Die zehn- bis zwanzigminütigen Sequenzen können aber ohne weiteres am Ende eines Ausrittes oder im Anschluss an eine – nicht zu anstrengende – Reitstunde eingeflochten werden. Wer Freude an der Freiheitsdressur hat, aber nicht täglich trainieren kann, muss die Erwartungen um ein Vielfaches reduzieren, ansonsten ist eine Überforderung des Pferdes vorprogrammiert.

Hat das Pferd einen Trainingsabschnitt, wie etwa die Bergziege, erlernt, rate ich, eine Pause einzuschalten. Nach eine Unterbrechung von vier bis vierzehn Tagen kommt das Vertiefen der Bergziege – um bei unserem Beispiel zu bleiben –, bevor eine neue Übung in Angriff genommen wird. Das Vertiefen dauert in der Regel ein bis zwei Wochen.

Diese Zeitangaben über Pausen und Vertiefungseinheiten sind ungefähre Richtwerte. Die Länge der Phasen wird natürlich durch das einzelne Pferd und dessen Aufnahmefähigkeit bestimmt.

Während des Erlernens der zirzensischen Lektionen empfehle ich, alle weiteren Beschäftigungen wie Longieren, Reiten oder Fahren mit dem Pferd weiterzuführen, denn die aufgewendete Zeit für das Training der Freiheitsdressur füllt einen Pferdealltag noch lange nicht aus. Allerdings sollten in den anderen Bereichen nicht gleichzeitig neue Elemente erarbeitet werden. Bereits Erlerntes kann man wiederholen oder zur Entspannung ganz einfach ausreiten oder -fahren.

Vorübungen –

Elastizität und Aufmerksamkeit sind der Anfang

DEHNUNGEN

Zu Beginn jeder Arbeit, sei es nun Reiten, Fahren, Longieren oder Freiheitsdressur, lasse ich das Pferd zwei Dehnungsübungen ausführen, die meiner Erfahrung nach viel zur Entspannung beitragen. Die Dehnungen bewirken vor allem eine *Lösung,* eine bessere *Durchblutung* und damit eine *Erwärmung* der Rückenmuskulatur. Dieses Gebiet ist bei manchen Tieren sehr empfindlich, nicht selten ist es sogar die heikelste Stelle des Pferdes. Speziell bei bereits vorhandenen Rückenproblemen zeigt sich im Training ein deutlicher Unterschied, wenn das Pferd auf diese Weise vorbereitet wird. Es bewegt sich leichter, ist schneller konzentrationsbereit und langfristig lässt sich sogar eine anhaltende Besserung erzielen. Eines meiner Pferde, das früher unter enormen Rückenschmerzen litt, ist schmerzfrei, seit ich die beiden Übungen vor jedem Arbeitsbeginn mit ihm durchführe.

Die erste Übung hat eine *seitliche Dehnung* zur Folge. Ich stelle mich auf der Höhe der Sattellage so neben das Pferd, dass ich ihm frontal zugewandt bin. In der dem Schweif näheren Hand halte ich einen Belohnungswürfel (stehe ich links vom Pferd also in der rechten). Ohne mich zu drehen, das heißt mit den Schultern parallel zur Längsrichtung des Pferdes, zeige ich ihm nun den Belohnungswürfel und locke es damit vorsichtig nach hinten. Das Pferd wird den Kopf wenden, um den Würfel zu erwischen und dadurch in eine Dehnungshaltung hineinkommen, die ihm vielleicht anfangs etwas unangenehm ist. Ich belohne es dafür, bevor es den Kopf wieder in die Längsachse zurücknimmt oder ehe es der entstandenen Spannung ausweicht, indem es sich mit der Hinterhand von mir weg und mit Kopf und Vorhand zum Würfel dreht. Zu Beginn wird schon eine kleine Biegung belohnt, mit der Zeit kann das Pferd immer weiter nach hinten reichen und sich den Würfel schließlich sogar von der eigenen Kruppe holen.

Entzieht sich ein Pferd durch einen Seitwärtsschritt mit der Hinterhand, erhält es den Würfel natürlich nicht. Die Übung wird dann noch einmal von Anfang an aufgebaut.

Unter Umständen liegt es an meiner eigenen Körperhaltung, wenn dies wiederholt geschieht. Schon eine geringfügige Veränderung des Winkels zwischen meinen Schultern und dem Körper des Pferdes kann die Ursache sein. Ich muss darauf achten, dass ich mich selber nicht drehe, wenn ich dem Pferd den Belohnungswürfel zeige. Die Bewegung der Hand und des Armes reicht aus, um es in die seitliche Biegung zu locken.

Oft hilft es dem Pferd, wenn es am Kopf eine leichte Anlehnung spürt. Dazu führe ich

Eine falsche Haltung veranlasst das Pferd viel früher seine Position zu verlassen.

es sanft mit der freien Hand an der äußeren Ganasche, ohne jedoch zu ziehen oder zu drücken. Reicht das nicht aus, stelle ich das Pferd an einen Zaun oder an eine Wand. Diese natürliche Begrenzung hält es von einer Drehung ab.

Ganz von allein wird kaum ein Pferd diese starke seitliche Dehnungshaltung einnehmen. Leider braucht es für diese wertvolle gymnastische Übung immer einen Belohnungswürfel. Oder vielmehr zwei: Es ist ganz wichtig, jedes Mal beide Seiten zu trainieren.

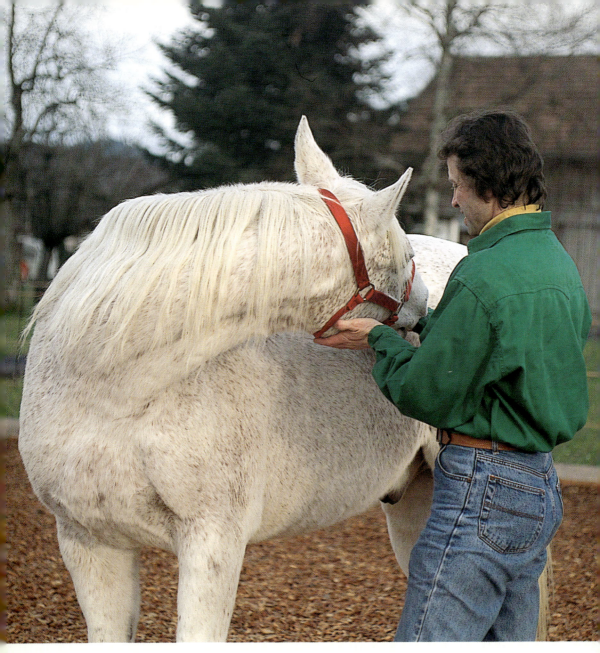

Man kann dem Pferd auch mit dem Stallhalfter oder der flachen Hand Führung geben.

Die zweite Übung, welche eine Dehnung der gesamten Oberlinie bewirkt, ist vor und nach dem Reiten sehr empfehlenswert. Sie wird unter dem Titel „die Bergziege" im Detail erklärt.

AUFMERKSAMKEIT HOLEN

Diese Übung ist wichtig, um die gegenseitige Aufmerksamkeit zu testen und zu fördern.

VORÜBUNGEN

Zudem zeigt sie die zur Zeit vorhandene Rangordnung zwischen Trainer und Pferd auf. Die Übung erscheint vielleicht banal, es hat sich jedoch gezeigt, dass viele Pferdehalter nach dem Erlernen des Aufmerksamkeitstrainings ihr Pferd wesentlich besser handhaben können.

Ich führe das Pferd an Strick und Halfter auf eine Wiese, auf der das Gras geschnitten oder schon tief abgefressen ist. Dort führe ich das Pferd herum, stoppe es und lasse es einen Moment stehen bleiben. Darauf lasse ich es erneut antreten, stoppe es wieder und lasse es rückwärts gehen. Dann wende ich es von mir weg und zu mir hin. Dies wiederhole ich in verschiedener Reihenfolge etwa fünf Minuten lang. Meine Stimme begleitet dieses Tun fortwährend. Verhält sich das Pferd wie gewünscht, lobe ich es mit „Ja" oder „Gut". Will es jedoch fressen oder rempelt es mich an, reagiere ich auf diese unerwünschte Handlung mit einem klaren „Nein" und fahre fort. Eine Stehpause erfolgt immer nach einer zufriedenstellenden Sequenz.

Ob bei dieser Übung eine Gerte als Hilfsmittel verwendet wird oder nicht, ist vom Pferd abhängig. Wenn es mir immer wieder zu nahe tritt, kann die Gerte helfen, die gewünschte Distanz aufrecht zu erhalten.

Diese Übung dient dazu, die Bereitschaft des Pferdes zur Mitarbeit zu kontrollieren und es auf die Arbeit auf der Wiese vorzubereiten. Das ist nötig, falls kein Reitplatz zur Verfügung steht oder wenn später eine Vorführung auf einer Wiese, zum Beispiel in einem Springgarten, gezeigt werden kann. Sobald das Pferd durch das frische Gras nicht mehr abgelenkt ist, können weitere Übungen in Angriff genommen werden.

Nun ist der Zeitpunkt gekommen, wo sinnvollerweise eine Hilfsperson beigezogen wird. Diese übernimmt die Führleine am äußersten Ende und wirkt als Notbremse, wenn das Pferd davonlaufen möchte. Die Hilfsperson darf aber auf keinen Fall auf das Pferd einwirken, so lange es ruhig steht, weder mit der Stimme noch mit dem Strick.

Die Führleine hängt durch und ich versuche, durch Schnalzen, Rufen des Namens oder Klatschen die Aufmerksamkeit des Pferdes auf mich zu lenken. Reagiert das Pferd, lobe ich es sofort mit der Stimme, gehe zu ihm und kraule es kurz. Dann entferne ich mich wieder, ohne es aus den Augen zu lassen. Das Pferd darf jetzt von seiner totalen Aufmerksamkeit abschweifen und ungezwungen umherschauen. Grasen oder Davonlaufen ist in dieser Situation jedoch untersagt. Indem ich das Pferd weiterhin fixiere, versuche ich es zu veranlassen, einen minimalen Kontakt zu mir aufrechtzuerhalten. Gelingt es mir, vom Pferd mehrmals die Aufmerksamkeit zurückzuholen und es dann wieder herumschauen zu lassen, ohne dass es die Verbindung zu mir ganz abbricht, habe ich den Grundstein für diese Übung gelegt.

Nun vergrößere ich meine Distanz zum Pferd und gehe auch seitlich von ihm etwas mehr nach hinten. Schaffe ich es, auch aus dieser Position die gewünschte Kommunikation aufzunehmen, ist es Zeit, einen Schritt weiter zu gehen.

Das Pferd muss bereit sein, sich aus verschiedenen Positionen auf den Trainer zu konzentrieren.

Verweigert das Pferd seine Aufmerksamkeit mir gegenüber und lässt sich lieber vom Gras verleiten, quittiere ich das mit einem schroffen Nein. Reagiert es nicht auf meine Stimme, tippe ich es mit der Gerte leicht am Kopf an, bis es diesen wieder hebt, und beginne von neuem, seine Aufmerksamkeit zu holen. Erträgt es am Kopf keine Berührungen mit der Gerte, nehme ich es am Halfter hoch.

Das Nicht-Grasen-Dürfen ist für viele Pferde schwierig. Sollte die Übung überhaupt nicht klappen, müssen einige Punkte geprüft werden. Zuerst muss ich mich vergewissern, dass ich nicht immer kurz vor den Fütterungszeiten trainiere. Ist dies der Fall, genügt es eventuell, nur die Trainingszeit zu ändern. Bei kleinen Pferden muss speziell darauf geachtet werden, dass das Gras ganz tief geschnitten ist. Versucht ein Pferd, sich mit Davonlaufen zu entziehen, so nimmt es die Hilfsperson am Strick einfach zurück, bis das Seil wieder durchhängt. Es geht erst weiter, wenn das Pferd wieder ruhig steht.

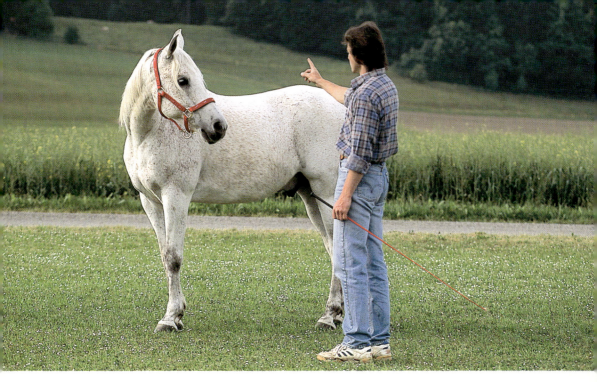

Auch ohne angebunden zu sein, …

… und selbst wenn es im hohen Gras steht, muss das Pferd dem Ranghöheren seine Aufmerksamkeit zuwenden. Die Übung darf erst fortgesetzt werden, wenn das Pferd wieder ruhig steht.

Nun ist die Hilfsperson überflüssig geworden und ich nehme den Strick selbst in die Hand. Noch besser ist es, jetzt eine leichte Longe zu verwenden, weil ich mich dadurch etwas weiter vom Pferd entfernen kann. Eine leichte Longe ist auch darum ideal, weil damit das Pferd dem Gefühl von Freiheit näher kommt. Bleibt das Pferd trotz meiner Bewegungen stehen und gelingt es mir, das Spiel von Loslassen und Aufmerksamkeit-holen weiterzuführen, ohne dass das Pferd zu grasen beginnt oder davonläuft, so ist der Moment gekommen, die Führleine ganz wegzulassen. Ist der Zeitpunkt dieser Veränderungen richtig eingeschätzt worden, kommt es ganz selten vor, dass das Pferd die Freiheit auszunützen beginnt.

Diese Übung fördert Konzentration und Aufmerksamkeit und trägt zur Klärung der Rangordnung bei. Ist im Stall sowie bei der täglichen Arbeit ein korrekter Umgang vorhanden und zeigt das Pferd einen gesunden Respekt vor dem Menschen, wird es in dieser Übung keine Schwierigkeiten machen. Es weiß: Bei der Anwesenheit von Menschen habe ich diesen meine Aufmerksamkeit zu schenken.

GEWÖHNUNG AN MATERIAL UND HILFEN

Die Gerte ist das wichtigste Instrument, das im Training von den ersten Anfängen bis zu den ausgefeiltesten Lektionen verwendet wird.

Deshalb muss das Pferd die Hilfengebung damit akzeptieren. Es darf weder Angst davor haben noch sich dagegen auflehnen. Wenn ein Pferd bereits beim Anblick einer Gerte nervös wird oder bei der Berührung mit der Gerte Unwohlsein signalisiert, sich abwendet oder ausschlägt, ist es wahrscheinlich von negativen Erlebnissen geprägt. Es bedarf dann einer speziell vorsichtigen Behandlung, um es wieder davon zu überzeugen, dass keine Unannehmlichkeiten zu befürchten sind. Oft führen komplexe Gründe zu einem abwehrenden Verhalten gegen die Gerte, und es lohnt sich, das Vertrauen des Pferdes ganzheitlich wieder aufzubauen. Wie dies erreicht werden kann, ist Thema vieler Kurse und Bücher und soll hier nicht weiter erläutert werden.

Um dem Pferd differenzierte Zeichen mit der Gerte geben zu können, ist es notwendig, dass es am Trainingsort *ruhig steht.*

Als Einstiegsübung eignet sich das Heben der Beine. Dabei lernt der Mensch, mit der Gerte umzugehen, und für das Pferd ist das Beine-Heben bereits eine Vorübung für die zirzensischen Lektionen. Ich stehe neben dem Kopf des Pferdes, halte es an einem losen Strick, einer losen Führleine oder an losen Zügeln und schaue es an. In der dem Schweif näheren Hand halte ich die Gerte (stehe ich also links vom Pferd, halte ich sie in der rechten). Nun tippe ich ein Bein des Pferdes an, um es zu veranlassen, dieses *Bein zu heben.*

VORÜBUNGEN

> Die meisten Zeichen mit der Gerte gebe ich dem Pferd an den Beinen. Da dies ohnehin ein heikler Ort ist, an dem viele Pferde berührungsempfindlich sind, überlege ich mir sehr genau, wo ich es antippe. Verschiedene Stellen werden für verschiedene Signale benutzt und es ist wichtig, die einzelnen Zeichen deutlich zu unterscheiden, um das Tier nicht zu verwirren.

Auch um den Aufbau von einfachen zu schwierigen Aufgaben sinnvoll zu gestalten, ist es wichtig, den *Ort der Zeichengebung gut zu wählen*.

Als Signal für das Aufheben des Beines habe ich das Antippen der Außenseite des Röhrbeines gewählt. Die Berührung mit der Gerte unterstütze ich mit dem *verbalen Signal* „Fuß". Beim ersten Anzeichen des Pferdes, sein Bein anzuheben, beende ich das Antippen mit der Gerte und *lobe* das Pferd sofort mit ruhiger Stimme.

Anfangs ist es durchaus möglich, dass das Pferd die Bedeutung dieses Zeichens nicht sofort versteht. Besonders bei einem eher trägen Pferd kann es nötig sein, das Bein etwas fester anzutippen, bis dem Tier klar wird, was es tun soll. Ein temperamentvolles Pferd hingegen wird unter Umständen schon bei der leisesten Berührung aggressiv mit dem Huf auf den Boden stampfen. In beiden Fällen ist unbedingt darauf zu achten, dass die Einwirkung mit der Gerte sofort beendet wird, sobald das Pferd seinen Huf nur ein wenig vom Boden genommen hat. Auch das Lob darf nicht auf sich warten lassen.

Anfänger verpassen oft den Moment dieses Loslassens und Lobens, weil ihnen die Koordination noch fehlt. Genau so wichtig wie für das Pferd ist das Training deshalb für den Menschen! Eine weitere häufige Reaktion des noch unsicheren Pferdes auf die Berührung mit der Gerte ist das Scharren. Ich ignoriere dies, quittiere es allenfalls mit einem kurzen, ruhigen „Nein", warte einen Moment und beginne dann die Übung von neuem, eventuell mit einem anderen Bein.

Auf diese Weise übe ich mit dem Pferd, bis die kleinste Berührung verbunden mit dem Wort „Fuß" genügt, damit es jedes beliebige seiner vier Beine einen Moment anhebt.

Am Anfang ist es für einen unerfahrenen Trainer oft schwierig zu agieren, zu reagieren und gleichzeitig noch alles zu analysieren. Darum ist es nicht falsch, auch hier eine Hilfsperson beizuziehen, die das Pferd hält, so dass der Trainer sich nur auf die Übung konzentrieren muss. Nun kann er auf Bauchhöhe des Pferdes stehen, denn aus dieser Position heraus ist es einfacher die Beine gezielt anzutippen.

In einem weiterführenden Schritt werde ich nun dem Pferd beibringen, sein Bein länger oben zu halten.

Ich beginne gleich wie bisher, tippe das Bein des Pferdes an und sage „Fuß". Wenn das Tier seinen Huf anhebt, höre ich aber nicht auf mit diesem Signal, sondern *wiederhole das Zeichen mit der Gerte sowie das Stimmkommando in ruhigem Rhythmus*. Das Pferd wird sein Bein vielleicht nur einen Augenblick länger oben

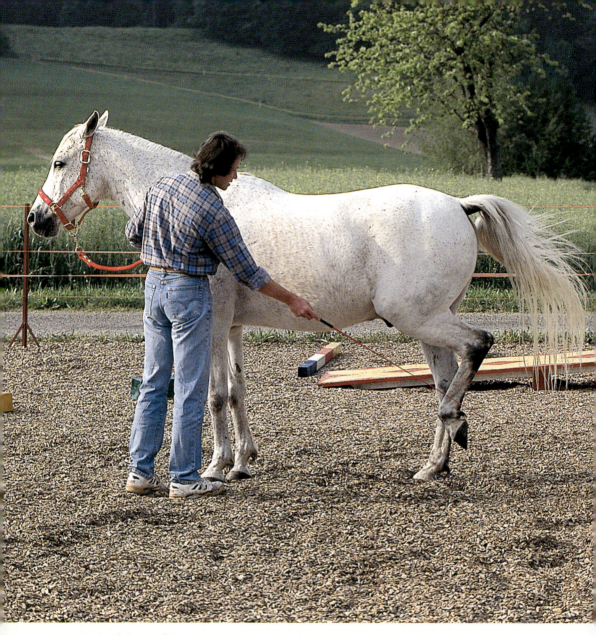

Um das Pferd zum Aufheben eines Beines zu bewegen, tippe ich mit der Gerte immer auf der Außenseite des Röhrbeines an. Beim kleinsten Anzeichen des Pferdes, sein Bein anzuheben, beende ich das Antippen mit der Gerte und lobe das Pferd sofort mit ruhiger Stimme.

halten, aber das genügt für den Anfang. Mit der Zeit wird sich diese Dauer so verlängern lassen, dass ich innerlich langsam bis sechs oder sieben zählen kann. Allerdings ist es wichtig, dies ganz langsam aufzubauen. Ich muss sehr genau beobachten, wie viel das Pferd von sich aus leisten kann, und darf es nicht überfordern. Ist es noch nicht in der Lage, jedes einzelne Bein oben zu halten, während ich zum Beispiel bis vier zähle, wäre es zu früh, um fortzufahren und mehr zu verlangen.

VORÜBUNGEN

Hat das Pferd aber verstanden, worum es geht, und behält es seinen Huf in der Luft, so lange ich sein Bein antippe, mache ich es mit einer geringfügigen Änderung des Signals vertraut: Ich tippe sein Bein an, damit es den Huf hebt, *lasse dann aber die Gerte einfach am Bein angelegt.* Bis das Pferd diese Umstellung begriffen hat, wird ein ständiges Wechselspiel zwischen Anlegen und Antippen nötig sein: Habe ich die Gerte ruhig am Bein angelegt und das Pferd will sein Bein abstellen, beginne ich einfach von neuem damit, es anzutippen. Reagiere ich ein wenig zu spät und stellt das Pferd sein Bein trotzdem ab, sehe ich auch hier über die unerwünschte Handlung hinweg. Ohne zu tadeln (!) warte ich einen Augenblick und beginne noch einmal von vorne.

So gewöhnt sich das Pferd daran, die Gerte jederzeit als *differenziert wahrzunehmendes Instrument* zu akzeptieren, und ich habe die Möglichkeit, auf die Beine des Pferdes gezielt einzuwirken. Das ist ein ganz wichtiger, grundsätzlicher Baustein in der Freiheitsdressur.

Diese Übung sollte pro Trainingseinheit höchstens dreimal mit jedem Bein durchgeführt werden. Sie kann aber problemlos beispielsweise vor und nach dem Ausreiten durchgearbeitet werden.

Mit der Zeit lernt das Pferd, das Bein so lange hochzuhalten, wie die Gerte mit dem Bein in Berührung bleibt.

Ich möchte noch einmal nachdoppeln: Zehn bis zwanzig Minuten Freiheitsdressur-Training pro Tag reichen für den Bewegungsdrang eines Pferd nicht aus! Es ist sehr wichtig, dass das Pferd sein grundlegendes Training und seine Ausritte oder Fahrten weiterhin ausüben darf.

Bergziege –
Das ist Dehnung pur

GRUNDSÄTZLICHES

Die Bergziege ist der *Grundstein für alle anderen Freiheitsdressurübungen* und außerdem ein *Showelement,* das vielseitig eingesetzt werden kann.

Diese Übung ist seit jeher Teil anderer Reitkulturen, wie zum Beispiel der spanischen. Weil das Erlernen der Bergziege jedoch ziemlich arbeitsintensiv ist, ist sie heute leider etwas in Vergessenheit geraten.

Die Bergziege gehört zu den zwei von mir empfohlenen *Dehnungsübungen.* Sie ist sogar die wertvollste Dehnungsübung überhaupt, denn sie beeinflusst die gesamte Oberlinie des Pferdes. Dies ist beim Reiten der heikelste Bereich des Pferdes, weil die Muskulatur der Oberlinie enorm beansprucht wird. Trotzdem wird ihr sehr wenig Aufmerksamkeit geschenkt.

Zwar heißt es am Anfang fast jeder Reitstunde: *Wärmen und lösen* wir zuerst die Muskulatur der Pferde. In den seltensten Fällen sind die Reiter aber selber genügend gelöst, um diese Aufgabe zu erfüllen. Zudem fehlt den meisten das dazu notwendige Können. Ein Reiter, der dem Pferd ständig oder auch nur hin und wieder in den Rücken fällt oder sich an den Zügeln fest hält, wird das Pferd nie lösen können. Im Gegenteil, es verkrampft sich noch mehr. Oft wird auch vergessen, dass ohne gut passenden Sattel kein Lösen der Muskeln möglich ist.

Um die Rückenmuskulatur des Pferdes vor der Arbeit – und speziell vor dem Reiten – vorzubereiten, ist deshalb die Bergziege die beste Übung. Im Gegensatz zum Lösen beim Reiten besteht beim Üben der Bergziege keine Gefahr, dass die Muskulatur von unangenehmem Druck im Rücken zur Verspannung aufgefordert wird. Das Pferd kann im Gegenteil in einem entspannten Zustand mit der Arbeit beginnen und die allenfalls negativen Einflüsse beim Reiten besser bewältigen.

Ich habe die Erfahrung gemacht, dass Rückenproblemen durch das Ausführen der Bergziege enorm entgegengewirkt und auch vorgebeugt werden kann. Die Übung muss aber *konsequent vor und nach jeder Arbeit mit dem Pferd ausgeführt* werden. Vor dem Reiten oder Fahren dient sie dazu, das Pferd auf seine Arbeit vorzubereiten. Nach der Arbeit können entstandene Verkrampfungen und Verspannungen gelöst werden, damit sich das Pferd für die nächste Arbeitssequenz optimal erholen kann.

Es gibt natürlich auch viele andere Möglichkeiten, um ein Pferd beim Lösen von Verkrampfungen und Verspannungen im Rückenbereich zu unterstützen, wie etwa *Massagen.* Hat das Pferd jedoch erst einmal die Bergziege erlernt, so genügen zwei Minuten vor und nach dem Reiten, um dem Pferd optimal zu helfen. Eine Massage hingegen würde wesentlich länger dauern.

VORBEREITUNG

Für die Bergziege sind eine *Gerte und Belohnungswürfel* bereitzuhalten. Das Pferd wird mit *Stallhalfter und Strick* oder Führleine ausgestattet. Bei dieser Übung ist es von Vorteil, wenn der Boden nicht zu tief und zu beweglich ist. Besteht der Reitplatz aus zu lebendigem Material, empfehle ich, die Bergziege auf einem gekiesten und ebenen Feldweg zu trainieren. Zu Beginn wird eine *Hilfsperson* benötigt.

Wenn das Pferd alle bis jetzt besprochenen Übungen zur vollen Zufriedenheit ausgeführt hat, ist es optimal vorbereitet, um mit der Bergziege zu beginnen. Mit dem für diese Übung einzigen Hilfsmittel – der Gerte – sollte das Pferd zum jetzigen Zeitpunkt bestens vertraut sein. Die Gerte darf beim Pferd nicht mehr die geringste Angst erzeugen. Die Signalgebung mit der Gerte bei den Berührungen muss das Pferd ebenfalls verinnerlicht haben.

AUFBAU

Die Hilfsperson übernimmt das Pferd und ich als Trainer arbeite mit dessen Hinterhand. Da ich, wenn ich mich auf die Hinterhand konzentriere, nicht genug Überblick über den ganzen Ausdrucksbereich des Pferdes habe, hat die Hilfsperson die Überwachung des gesamten vorderen Teils – Ohren, Kopf und Vorhand – zu übernehmen.

Die Hilfsperson lässt das Pferd ruhig stehen und achtet darauf, dass die vorderen Beine möglichst parallel sind. Sie steht neben dem Pferd und schaut in die gleiche Richtung wie das Tier. Ich stehe auf der Höhe der Hinterhand und schaue nach hinten. Die Hilfsperson muss das Pferd dazu anhalten, bei meinen Aktionen ruhig stehen zu bleiben. Sie beobachtet die Ausdrucksveränderungen des Pferdes und beruhigt es nonverbal, da während der Übung die verbale Kommunikation Sache des Trainers ist.

In der Regel setzt das Pferd die hinteren Beine nicht parallel auf. Dies nutze ich aus und stelle mich auf die Seite des weiter hinten stehenden Beines. Mein Blick ist nach hinten gerichtet. Stehe ich auf der rechten Seite des Pferdes, halte ich die Gerte in der linken Hand; stehe ich auf der linken Seite, nehme ich die Gerte in die rechte Hand. Nun tippe ich das neben mir stehende Hinterbein des Pferdes seitlich an, so wie es bei der Gewöhnung ans Material geübt worden ist. Das verbale Kommando heißt *„Fuß"* und wenn das Pferd die Vorübung richtig erlernt hat, wird es nun sofort das Bein heben.

Ich gleite jetzt mit der inneren Hand um das Pferdebein zur Innenseite des Fesselgelenks und führe es mit meiner offenen Hand. So verhindere ich, dass das Pferd das Bein wieder absetzt. Sobald das Pferd seine Muskulatur entspannt hat, *ziehe ich das Bein behutsam nach vorwärts abwärts und motiviere das Pferd, das angehobene Bein vor dem anderen abzustellen.*

Beim Vorsetzen des Beines ist es wichtig, die Hand nicht um das Bein zu schließen, sondern locker und offen zu behalten.

Ich lasse das Bein erst los, wenn ich spüre, dass das von mir begleitete Bein wirklich am Boden ist. Das Pferd soll lernen, *Gewicht auf das vorgeschobene Bein aufzunehmen* und einen kurzen Moment in dieser Stellung zu verharren.

Mit dem Signal „*Schritt*" ermuntere ich nun das Pferd, sich in Bewegung zu setzen. Die Hilfsperson bekräftigt diese Aufforderung, indem sie gleichzeitig losgeht.

Die Aufgabe der Hilfsperson ist nicht einfach, denn sie muss einen ständigen Kontakt mit dem Pferd haben, damit sie bei der Aufforderung des Trainers das Pferd sofort antreten lassen kann, ohne dass sie am Strick oder

Halfter zu ziehen braucht. Eventuell doppelt sie mit dem bereits bekannten Befehl „Schritt" noch einmal nach. Zu frühes Loslaufen, in der Annahme, es sei jetzt Zeit, oder verzögertes Antreten, weil die Konzentration nachgelassen hat, kann zu unnötigen Fehlern führen.

Hat das Pferd alles gut gemacht und mit dem ersten Schritt wirklich sein Gewicht auf das vorgestellte Hinterbein aufgenommen, so darf das Lob natürlich nicht ausbleiben.

> Jede gelungene Sequenz sollte sogleich mit kurzen Lobsignalen quittiert werden. Das Loben ist aber *immer* Sache des Trainers.

Natürlich geht das alles am Anfang nicht so einfach. Es ist immer mit verschiedenen Reaktionen zu rechnen. Es kann zum Beispiel vorkommen, dass das Pferd das Bein sofort wieder zurückzieht, sobald dieses abgesetzt und losgelassen wird. Das kann daran liegen, dass es noch nicht recht weiß, was von ihm verlangt wird. Vor allem wenn der Trainer – was ich in meinen Kursen oft erlebe – das Bein des Pferdes mit Abwärtsbewegungen streichelt, deutet das Tier dieses abwechselnde Berühren und Loslassen eventuell als Zeichen zum Heben des Beines.

Klarer wird ihm die Sache, wenn der Trainer einfach etwas mehr Geduld hat, die Hand noch einen Moment liegen lässt und dann behutsam entfernt. Für den Fall, dass das Pferd das Bein wieder vom Boden hochziehen will, um es weiter hinten abzusetzen, hält er sich bereit. Dann kann er ihm noch einmal zeigen, wo es seinen Huf absetzen soll. Das Pferd lernt auch hier vor allem durch Wiederholung.

Eine andere Schwierigkeit tritt oft auf, wenn das Pferd anläuft. Es versetzt in dem Augenblick das vorgesetzte Bein nach hinten, in dem es den ersten Schritt macht, da es bei der Verschiebung des Hufes seinen Körper nicht ausbalanciert hat. Dem kann der Trainer abhelfen, indem er das Pferd an der Schweifrübe leicht zu sich zieht, bevor er es antreten lässt. Oder er drückt mit einem Finger auf der Außenseite leicht in die Kruppe des Pferdes, damit es sein Gewicht auf das vorgesetzte Bein verlagert und so die erforderliche Balance erreicht. Dies wiederholt er auf beiden Seiten so lange, bis das Pferd das Gewicht auf seinen vorgesetzten Fuß aufnimmt, ohne dass die Hilfe für den Balancewechsel gegeben werden muss. Dann ist es erst in der Lage, in der gewünschten Fußfolge anzutreten.

Hat das Pferd diesen Schritt verstanden, können wir mit der Übung weitermachen und *beide Hinterbeine* weiter unter den Schwerpunkt des Pferdes bringen

Bis zu dem Moment, in dem ich dem Pferd zeige, wo es den Fuß abstellen muss, bleibt alles gleich. Nachdem ich mich vergewissert habe, dass das Pferd das vorgesetzte Bein auch wirklich belastet, begebe ich mich nun auf die andere Seite seiner Hinterhand. Ich wechsle die Gerte in die Außenhand und tippe das Bein an, welches jetzt weiter hinten steht. Sobald das Pferd sein Bein gehoben hat, begleite ich auch dieses ein Stück nach vorn. Wenn das Pferd auffußt, *erhöht sich die Span-*

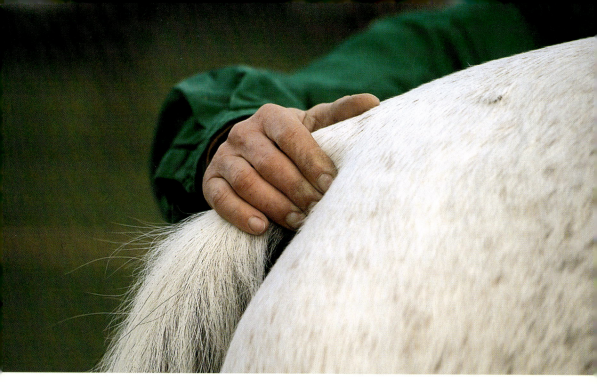

Durch leichtes Ziehen an der Schweifrübe…

… oder leichten Druck auf die Außenseite der Kruppe veranlasse ich das Pferd, das innere Bein zu belasten.

nung im Pferderücken markant und ich muss deshalb mit noch mehr Fingerspitzengefühl arbeiten. Nur einen kurzen Augenblick lasse ich das Tier in dieser Position ausharren, dann kann es die Dehnung auflösen, indem es auf mein Zeichen hin antritt.

Hat das Pferd die Grundlagen der Übung erkannt, wird dies alles gut gehen. Hat es aber das System noch nicht begriffen und kommt zusätzlich die erhöhte Spannung hinzu, so wird es sich wehren. Es wird nach vorne weglaufen wollen, oder es bewegt ganz diskret eines seiner Vorderbeine, um der zunehmenden Spannung zu entrinnen. In diesem Fall muss die Übung wieder von Anfang an aufgebaut werden. Der Trainer beauftragt die Hilfsperson, mit dem Pferd einige Schritte zu gehen und das Pferd neu zu positionieren.

Zu Beginn reagieren viele Pferde beim Seitenwechsel folgendermaßen: Ist das erste Bein vorgesetzt und beginne ich, um das Pferd herum auf die andere Seite zu gehen, verlagert das Pferd das Gewicht wieder auf das zweite Bein und stellt das vorgeschobene Bein nach hinten zurück. Dies versuche ich zu verhindern, indem ich dem Pferd meine Hand auf die Außenseite der Kruppe lege. In der Regel behält es dann sein Gewicht auf dem vorgeschobenen Bein. Genügt dies nicht, kann ich den Druck mit einem Finger zusätzlich leicht verstärken, so lange ich um das Pferd herum gehe.

Eine weitere Möglichkeit besteht darin, dass ich beim Seitenwechsel das Pferd an der Schweifrübe in der bestehenden Balance zu halten versuche. Zusätzlich kann ich vor dem Antippen des zweiten Beines meinen Körper ganz leicht gegen das Pferd legen. Es darf dabei aber kein Gegendruck verursacht werden. Geschieht dies trotzdem einmal – das Pferd wird sein Gewicht verlagern und das vorgeschobene Bein wieder nach hinten stellen – so beginne ich mit der Übung noch einmal ganz von vorn. Zuvor aber soll die Hilfsperson das Pferd einige Schritte bewegen und es neu ausrichten.

> Ein weiteres Teilziel ist erreicht, wenn das Pferd sowohl einen Schritt mit dem linken Hinterbein und mit dem rechten als auch umgekehrt machen kann.

Im nächsten Abschnitt geht es darum, die Spannung noch einmal zu erhöhen. Diesmal wird es die Aufgabe der Hilfsperson sein, die dazu einen Belohnungswürfel benötigt.

Habe ich das Pferd veranlasst, die ersten zwei Schritte mit der Hinterhand zu machen, gebe ich das Zeichen, das Pferd antreten zu lassen. Neu bietet die Hilfsperson dem Pferd vor dem Losgehen einen Belohnungswürfel an, und zwar in Richtung vorwärts-abwärts, damit sich durch das Senken von Hals und Kopf die ganze Oberlinie des Pferdes noch mehr dehnt.

Bis zu diesem Zeitpunkt ist das Pferd der Spannung meist mit den Vorderbeinen ausgewichen, indem es einen Schritt vorwärts machte. Wird die Spannung durch das Senken des Kopfes zum Belohnungswürfel hin zu stark, wird das Pferd nun die Entspannung mit den Hinterbeinen suchen. Wenn das Pferd seine Beine auch nur minimal verschiebt, ist der

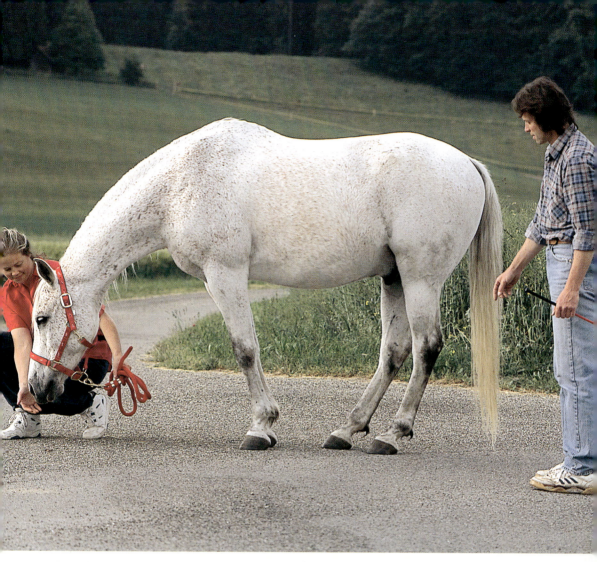

Mit dem Belohnungswürfel lockt die Hilfsperson den Kopf des Pferdes vorwärts-abwärts, wodurch sich die ganze Oberlinie des Pferdes noch mehr dehnt.

Belohnungswürfel zurückzuziehen und das Lob auszulassen. Das Pferd wird einige Schritte geführt und man beginnt von neuem.

> Ziel dieses Übungsabschnittes ist es, das Pferd dazu zu bringen, den Belohnungswürfel mit gestrecktem Hals aus der direkt über dem Boden gehaltenen Hand der Hilfsperson zu nehmen, ohne die Beine zu bewegen.

Ist der Belohnungswürfel für den Trainer ein heikles Thema, kann dieser Abschnitt auch ausgelassen werden. Ich empfehle jedoch, trotzdem über einen sinnvollen Einsatz von Belohnungswürfeln weiter nachzudenken, denn er kann in der Freiheitsdressur wie auch in anderen Bereichen wertvolle Dienste erweisen.

Die seitliche Dehnungsübung wird beispielsweise ohne Belohnungswürfel kaum hinzukriegen sein.

Habe ich erreicht, dass das Pferd den Belohnungwürfel nimmt, ohne seine Beine zu bewegen, gehe ich daran, *weitere Fußfolgen aufzubauen*. Die Technik bleibt die gleiche, doch von nun an ist es wichtig, darauf zu achten, den *vorzusetzenden Fuß nicht zu weit nach vorne zu bringen*. Er wird nur gerade vor den Rand des zur Zeit belasteten Hufes gesetzt. Sonst wird die Spannung zu groß und das Pferd wird sich aus dieser noch unbekannten Spannung befreien. In dieser Phase ist es aber nicht mein Anliegen, die Spannung zu erhöhen, sondern *das System zu erweitern und zu verinnerlichen*.

> Das Pferd muss lernen, einen Fuß nach dem andern unter sein Gewicht zu nehmen, ohne vorne wegzulaufen.

Vom dritten Bein an beginne ich, das Kommando zu verändern. Ich sage nicht mehr „Fuß" sondern „Vor".

Ist es so weit, dass sich das Pferd drei Schritte vorsetzen lässt, ändere ich ebenfalls die *Signalgebung* mit der Gerte. Ich tippe das Pferd nicht mehr seitlich am Röhrbein an, sondern neu *hinten am Röhrbein*.

Meistens macht das Pferd von diesem Zeitpunkt an den ersten und im besten Fall sogar die ersten zwei Schritte selbständig. Ich muss das Pferd gut *beobachten* und mein Augenmerk vor allem darauf richten, dass seine Bewegungen nicht nur nach oben, sondern auch nach vorne gehen. Macht es seine Sache gut, darf ich es *auf keinen Fall mit meiner Hilfengebung behindern*. Andernfalls muss ich es mit der Gerte oder mit der Hand *sanft korrigieren*.

Macht das Pferd etwa zwei selbständige Schritte und zwei weitere mit meiner Hilfe, kann ich eigentlich sicher sein, dass es das *System verstanden* hat und vorne nicht mehr wegläuft. Sobald es die Hinterhufe ganz nahe zu den Vorderhufen nehmen kann, ist die *Hilfsperson überflüssig* geworden.

Den Strick oder die Führleine nehme ich nun selber in die Hand, lege ihn dem Pferd auf den Rücken oder lasse ihn sogar ganz weg. Das Pferd positioniere ich sorgfältig, bevor ich mich auf seine Hinterhand konzentriere und es zum Untertreten veranlasse. Es wird warten, bis ich ihm den Belohnungswürfel gebe und es dann zum Antreten auffordere. Falls das Pferd aber öfters selber entscheidet, wann der Moment zum Loslaufen gekommen ist, buchstabiere ich einfach alles einen Schritt zurück und engagiere wieder meine Hilfsperson.

Von dem Moment an, wo ich alleine bin, ist es noch wichtiger, genau abzuschätzen, welche Spannung das Pferd in diesem Moment erträgt. Denn durch die fehlende Stütze des Helfers entschließt sich das Pferd viel eher, vorne wegzulaufen. Ich darf also *nichts erzwingen,* sondern muss so lange geduldig mit dem Pferd üben,

Anfangs ist es nur durch die Anwesenheit der Hilfsperson möglich, das Pferd überhaupt in die gewünschte Stellung zu bringen.

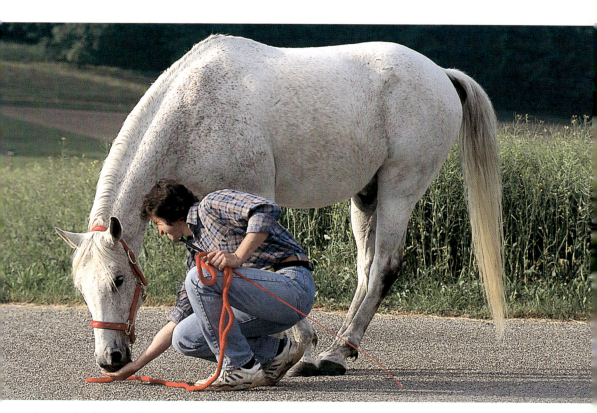

Erst wenn das Pferd die Methode verstanden hat, wird die Anwesenheit der Hilfsperson überflüssig.

Kann ich das Pferd ohne Führstrick in die Stellung der Bergziege bringen, ist es sehr gut auf den weiteren Aufbau vorbereitet.

bis es seine Hinterhand selbständig zu den vorderen Beinen aufschließt und darauf wartet, dass ich es von seiner Spannung erlöse.

Steht das Pferd in der Stellung der Bergziege vor einem, ist es wahrlich nicht schwierig, die *Spannung und die Balance* zu sehen, die ein Pferd bei dieser Übung verbindet. Ein Riesenschritt ist getan und ich kann mit einem guten Fundament an die nächste Übung gehen.

Kompliment –
Damit verabschieden Sie sich elegant

GRUNDSÄTZLICHES

Das Kompliment ist eine der attraktivsten Übungen. Es verkörpert Eleganz und Witz sowie Gehorsam und Akzeptanz. Ich bezeichne das Kompliment als *Herzstück* aller Übungen: Es ist der Schlüssel für sämtliche Übungen am Boden. Ist das Kompliment erreicht, braucht es nicht mehr viel, um alle anderen Übungen darauf aufzubauen.

Auch das Kompliment ist eine *wertvolle Gymnastizier- und Balanceübung.* Vorderbein, Schulter und Rückenpartie werden gedehnt. Das Pferd lernt mit der Hinterhand Gewicht aufzunehmen, indem es vermehrt untertritt. Beim Absenken der Vorhand zum Kompliment werden nur drei Beine belastet und die ständige Gewichtsverlagerung fördert dabei zusätzlich das Gleichgewicht. Natürlich muss diese Übung *auf beiden Seiten ausgeführt* werden, um Dehnungen und Balance gleichmäßig zu trainieren.

Als *Showelement* kann das Kompliment immer und überall eingesetzt werden, sogar unter dem Sattel. Es dient zum Beispiel als Abschluss eines Programms oder einer Präsentation und untermalt die getane Leistung auf spezielle Art. Ich habe die Erfahrung gemacht, dass Pferde den Moment des Verneigens und den damit verbundenen Applaus sehr genießen, als ob sie verstehen würden, dass dieser ausschließlich ihnen gilt.

Nicht jedes Kompliment ist ein gutes Kompliment. Ich habe eine ganz bestimmte Vorstellung davon, wie ein *korrektes Kompliment* auszusehen hat: Das Pferd „kniet" auf dem Vorderfußwurzelgelenk („Knie"), die Röhre liegt flach auf dem Boden, der Unterarm steht rechtwinklig dazu. Das andere Vorderbein ist gerade nach vorne gestreckt, die Hinterbeine stehen parallel unter dem Gewicht der Kruppe. Das Pferd blickt mit vorwärts-abwärts gedehntem Hals geradeaus.

Natürlich ist ein langer Weg zurückzulegen, bis das Kompliment diesem Idealbild entspricht, doch das Ziel sollte man von Beginn an vor Augen haben. Und auch wenn das Pferd die Übung einmal beherrscht, ist es notwendig, immer wieder darauf zu achten und daran zu arbeiten, dass die korrekte Stellung nicht verloren geht.

VORBEREITUNG

Für das Kompliment ist das Pferd mit einem *Zaumzeug und Zügeln* oder mit *Stallhalfter und Strick* oder Führleine ausgerüstet. Wie schon beschrieben, ist das Zaumzeug mit einer einfachen Trense bestückt und sämtliche Sperrhalf-

Sabrina und Pipo demonstrieren ein korrektes Kompliment.

ter sind zu entfernen. Hingegen ist an der Trense ein Kinnriemen zu befestigen, wie er in der Westernreiterei üblich ist. Die Zügel oder der Strick müssen bei leichtem Kontakt zum Maul bis zum Widerrist reichen. Sie dürfen auf keinen Fall länger sein und auch nicht verknotet werden. Wird ein Stallhalfter verwendet, so muss es sowohl am Genick wie auch am Kinn verstellbar sein, sonst ist es als Arbeitsinstrument für das Kompliment ungeeignet.

Zusätzlich ist die im Kapitel „Material" beschriebene Beinlonge bereitzuhalten. Bei der Arbeit mit der Beinlonge sollte auch an

Zur Ausrüstung für das Kompliment gehören der Zügel, der gespannt bis zum Widerrist reicht, die Beinlonge, Handschuhe und die Gerte.

Handschuhe gedacht werden. *Gerte und Belohnungswürfel* sind Hilfsmittel, die schon bereitliegen, da sie für die Bergziege verwendet worden sind.

Der *Trainingsplatz* muss für diese Übung *weicher* sein als bei der Bergziege. Es soll vor allem darauf geachtet werden, dass sich *keine spitzen Gegenstände* in der Unterlage befinden. Sie würden sich enorm negativ auf das Erlernen dieser Übung auswirken, da sie dem Pferd beim Knien Schmerzen zufügen könnten.

Nach den im Folgenden beschriebenen Vorbereitungsübungen ist wieder eine *Hilfsperson* beizuziehen.

AUFBAU

Um keine Verwirrung zu stiften, beschreibe ich das Üben des Komplimentes nur von *links* aus; ich stehe also auf der linken Seite des Pferdes. Vom Seitenwechsel, dem Üben auf beiden „Händen", wird später in diesem Kapitel noch die Rede sein.

Das Pferd muss für das Kompliment körperlich und mental vorbereitet werden, zum Beispiel durch *Longieren*, um es aufzuwärmen und zu gymnastizieren. Die *Vorübungen* soll es gut beherrschen, als Vorbereitung werden sie kurz abgerufen. An der Bergziege wurde ebenfalls schon gearbeitet und das Pferd ist mindestens so weit, dass es das System jener Übung versteht.

> Nun beginne ich, das Pferd *auf jedes einzelne Element des Komplimentes vorzubereiten.*

In der Bewegung zum Kompliment schiebt sich das Pferd *rückwärts*. Dies ist der erste Schritt, mit dem ich es vertraut mache. Rückwärts gehen sollte eigentlich nichts Neues sein für das Pferd. Was ich ihm zeigen will, hat zwar nichts mit dem beim Reiten oder bei der Bodenarbeit verlangten Rückwärtsrichten zu tun, ein Pferd, das freiwillig und ohne Angst rückwärts geht, hat es jedoch erheblich leichter.

Das Pferd steht auf allen vier Beinen ruhig da und wartet aufmerksam. Ich stelle mich seitlich, auf der Höhe des Widerristes, links neben das Pferd, mit dem Blick nach vorne. Meine rechte Hand liegt auf dem Widerrist und hält den leicht aufgenommenen Zügel. Ich gebrauche den für das Pferd gewohnten Befehl für das Rückwärtsgehen, ziehe leicht am Zügel und verlagere mein Gewicht in dieselbe Bewegungsrichtung, die ich vom Pferd verlange, also nach hinten.

Beginnt das Pferd sein Gewicht nach hinten zu bewegen, gebe ich mit der Hand sofort nach und verlagere mein Gewicht wieder in die Ausgangsposition. Das Pferd soll seinen Körper ebenfalls in die Ausgangsposition zurückbringen.

> Mein Ziel ist, dass das Pferd lernt, sein Gewicht zu verlagern.

Jedes Pferd wird anfangs einfach rückwärts gehen. Das ist vollkommen normal. Nun gilt es, den Zug der Zügel, den eigenen Körper und die Stimme differenzierter einzusetzen, bis das Pferd die Aufgabe begriffen hat. Es soll nur sein Gewicht verlagern oder höchstens einen kontrollierten Schritt nach hinten machen. Versteht das Pferd die Zügel- und Körperhilfen nicht, so kann der Trainer zusätzlich, während seiner Vorwärtsbewegung und dem Loslassen der Zügel, die flache Hand gegen den Widerrist drücken. Im schlimmsten Fall kann er eine Gerte in die äußere Hand nehmen, sie um seinen Körper herum nach hinten führen und das Pferd leicht an der Hinterhand touchieren, damit es zum Stehen kommt. Die verbale *Unterstützung* mit „Brav" oder „Nein" darf dabei nicht vergessen werden.

Sobald das Pferd diese Übung verstanden hat, wechseln wir zum sprachlichen Befehl

Durch meine Gewichtsverlagerung nach hinten veranlasse ich das Pferd, sein Gewicht ebenfalls nach hinten zu verlagern.

„Kompliment". Damit beginnt das Pferd, die Rückwärtsbewegung mit diesem Wort zu assoziieren und es fällt ihm nachher leichter, alle kleinen Vorübungen miteinander zu verbinden.

Ein weiterer Schritt ist die *Vorbereitung mit dem Belohnungswürfel.* Diesen setze ich anfangs und nur für kurze Zeit als Lockmittel ein. Die *Hilfsperson* stellt sich vorne seitlich neben das Pferd und veranlasst es mit dem Belohnungs-

Die Beinlonge muss an einem Ende mit einer verstellbaren Schlaufe versehen sein.

würfel den *Kopf* vorwärts-abwärts zu *senken*. Ist das Pferd mit dem Kopf kurz vor dem Boden, gibt sie ihm die Belohnung. Während dieses Vorganges halte ich die Zügel mit leichtem Zug und wiederhole das Wort „Kompliment" bis das Pferd den Leckerbissen bekommen hat. Hat das Pferd die Belohnung erreicht, gebe ich mit der Zügelhand sofort nach.

> Nun hat das Pferd bereits zwei Elemente begriffen, die zum Erlernen des Komplimentments wichtig sind: erstens die Rückwärtsbewegung und zweitens die Abwärtsbewegung mit Hals und Kopf. Zudem sind beide Elemente miteinander verbunden, weil sie durch dasselbe Kommando ausgelöst werden.

Diese zwei Übungen erscheinen so banal, dass sie des Öfteren nicht ernst genommen werden. Es sind jedoch *unerlässliche Bausteine*, um dem Ziel gewaltfrei und harmonisch näher zu kommen.

Als Nächstes gewöhne ich das Pferd an die Beinlonge. Ich trage nun Handschuhe, denn es ist am Anfang fast unumgänglich, dass dem noch unerfahrenen Trainer die Longe einige Male durch die Hand gleitet.

Auch für diese Übung benötige ich die Hilfsperson, die zusätzlich mit einer Gerte ausgerüstet ist. Sie stellt sich wieder vorne neben das Pferd und muss darauf achten, dass sie den Trainer nicht behindert, der auf derselben Seite auf der Höhe des Widerristes steht. Da es schon mal vorkommen kann, dass das Pferd wegen einer Unsicherheit einen Sprung nach vorne macht, ist es für die Hilfsperson ganz wichtig, nicht direkt vor dem Pferd, sondern seitlich davon zu stehen.

Die Schlaufe am Ende der Longe wird nun um das Fesselbein des linken Vorderbeins gelegt. Wenn es der Trainer als notwendig erachtet, kann er das Fesselbein auch polstern. Bis heute habe ich allerdings – bei richtigem Aufbau der Übung und bei der Verwendung des richtigen Materials der Longe – auch ohne Polsterung noch nie Verletzungen erlebt.

Die Longe wird so befestigt, dass sie nirgends verdreht ist, sondern immer flach aufliegt. Die Schlaufe sollte sich sofort lösen und nicht zugezogen bleiben, auch wenn das Pferd sein Bein mit einem unerwarteten Ruck wegzieht.

Wenn das Pferd ruhig steht, *ziehe ich leicht an der Longe,* so dass sie straff wird, und *beobachte aufmerksam die weiteren Reaktionen* des Tieres. Zeigt das Pferd in dieser Phase Unruhe oder sogar Panik, muss es mit äußerster Vorsicht an den Zug der Longe gewöhnt werden. Im Fall von bleibender Panik gehört dieses Pferd in die Hände eines Profis. Hat das Pferd jedoch noch keine schlechten Erfahrungen gemacht, beispielsweise mit Hängenbleiben in herumliegenden Drähten oder anderem, wird es sich durch die Longe wahrscheinlich nicht weiter stören lassen.

Ich bücke mich nun und fasse mit meiner inneren Hand *die Longe ganz nahe beim Fesselgelenk.* Das lange Ende halte ich zusammengefaltet in der äußeren Hand; aus Sicherheitsgründen darf es nie um die Hand gewickelt werden. Wie in den vorherigen Übungen richte ich meinen *Körper parallel* zum Pferd aus.

Mit dem Wortkommando *„Fuß"* fordere ich das Pferd auf, sein Bein zu heben. Im selben Augenblick tippt die Hilfsperson mit der Gerte seitlich ans Röhrbein. Während das Pferd den Fuß hebt, begleite ich diesen nach oben und *fixiere* ihn in der Luft. Auf keinen Fall darf ich das Bein mit der Longe hochziehen, ich darf es erst fest halten, wenn es oben ist. Die Hilfsperson lässt die Gerte auf dem *Röhrbein ruhen.* So verharren wir für kurze Zeit.

Auf mein Zeichen hin nimmt die Hilfsperson die *Gerte vom Bein weg* und im selben Moment lasse ich den *Fuß des Pferdes zu Boden gleiten.*

Akzeptiert das Pferd diesen Vorgang, wird das Kommando geändert: *„Kompliment"* sage ich nun, und in diesem Zusammenhang erinnere ich nochmals daran, dass alle verbalen Informationen immer vom Trainer ausgehen sollen. Auch sämtliche Aufgaben der Hilfsperson muss der Trainer bestimmen. Die Hilfsperson darf nie während einer Übung ihren Kommentar abgeben oder nach eigenem Ermessen Hilfszeichen verändern. Erst nach der Übung, wenn das Pferd wieder ruhig dasteht, ist der Zeitpunkt gekommen, um Beobachtungen und Ideen auszutauschen. Andernfalls wird das Pferd mit unbrauchbaren Informationen überflutet und es fällt ihm dadurch viel schwerer, den Trainer und seine Kommandos zu erkennen und zu verstehen.

Mit dem Wechsel des Wortkommandos ändert sich auch die Handhabung der Longe.

Durch das Antippen mit der Gerte unterstützt die Hilfsperson meine Aufforderung zum Anheben des Beines.

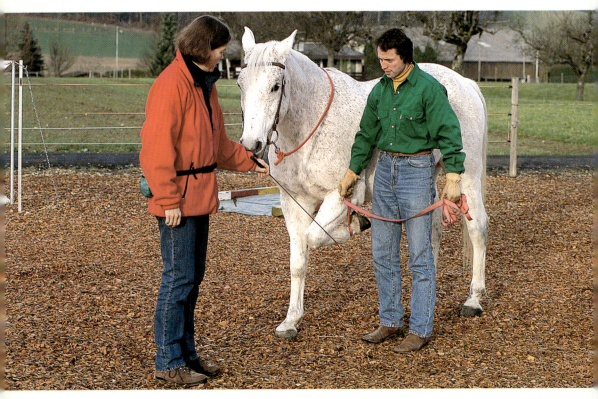

Die Gerte bleibt am Bein liegen.

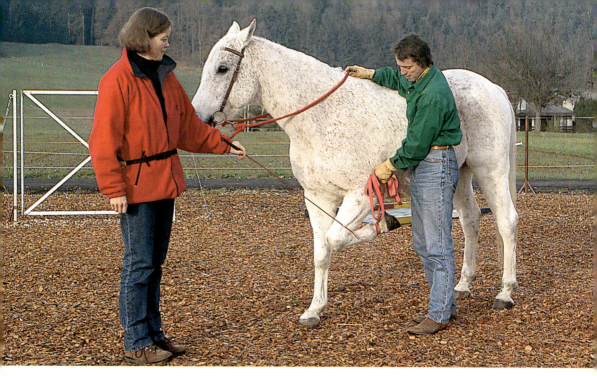

Dies ist die Ausgangsstellung für den Anfang des Kompliments.

Ist das Bein oben, fasse ich die Longe mit der äußeren Hand oberhalb des Fesselgelenks und lege die innere Hand auf den Widerrist.

> Der erste Schritt der Longenhilfe ist erreicht, wenn das Pferd auf das von der Gerte begleitete Kommando „Kompliment" hin sein Bein hochhebt und ich es mit der Longe so lange in der Luft halten kann, bis ich bis zehn gezählt habe.

Beim nächsten Schritt baue ich auf dem bereits Erlernten auf. Ich nehme die ums Fesselgelenk gelegte *Longe,* führe sie *über den Rücken des Pferdes* und *unter seinem Bauch* hindurch wieder in meine äußere Hand. Dort, wo sich die Longe kreuzt, kommt der aufsteigende Teil hinter dem zur Hand führenden Ende zu liegen.

Genau kontrolliere ich, ob die Longe überall flach am Pferdekörper anliegt, damit das Unbehagen des Pferdes auf ein Minimum reduziert werden kann. Sie soll von der Fessel bis zum Ende leicht angespannt sein. Ich stehe wieder seitlich neben dem Pferd, den Blick nach vorne gerichtet, *und halte die Longe mit der äußeren Hand dort, wo diese unter dem Bauch hervorkommt, direkt am Pferdekörper fest.* Der Rest liegt zusammengefaltet in derselben Hand. Meine *innere Hand fasst die Longe ganz nahe am Fesselgelenk.* Ich gebe das *Kommando „Kompliment"* und die Hilfsperson tippt im selben Augenblick das Röhrbein an. Sobald das Pferd sein Bein angehoben hat, lässt sie ihre Gerte am Röhrbein angelegt.

Gleichzeitig sorge ich dafür, dass die Longe ständig straff bleibt, indem ich die *äußere Hand nach außen bewege.* Die *innere Hand fixiert*

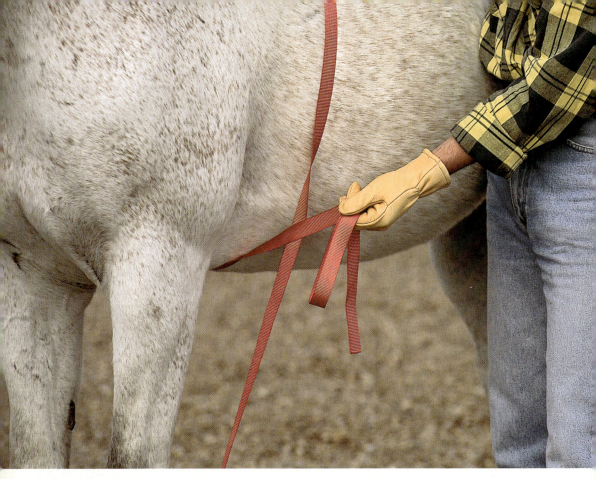

Es ist wichtig, dass der senkrechte Teil der Longe hinter dem waagrechten Teil liegt.

nun an dem Punkt, wo sich die Longe kreuzt, den zur *äußeren Hand* führenden Teil, die *Äußere fasst nach,* ohne dass dabei die Longe gelockert wird und sich das Bein absenken kann. Die *innere Hand lege ich zu den Zügeln auf den Widerrist.* Während dieser ganzen Handlung wiederhole ich in gleichmäßigem ruhigen Ton den Befehl „Kompliment".

Auch hier wird die Zeitdauer, während der das Pferd das Bein hochhält, langsam gesteigert, bis man bis zehn zählen kann und das Pferd dies ruhig und gelassen hinnimmt. Um ihm zu bedeuten, dass es sein Bein wieder abstellen kann, muss erst die Hilfsperson die Gerte vom Bein nehmen, dann lasse ich die Longe los. Zuletzt darf das *Lob* nie ausbleiben.

> Bei diesem zweiten Schritt geht es nicht nur darum, dass das Pferd seine Aufgabe immer besser bewältigt. Ebenso wichtig ist, dass ich selbst das „Handling" mit der Longe flüssig und ruhig beherrsche.

Es ist nicht selten, dass in dieser Phase ein jüngeres Pferd, das in der Gesamtausbildung noch nicht sehr weit ist, einige „Hüpfer" nach vorne macht. In solchen Situationen ist es wichtig, ganz ruhig zu bleiben und auf keinen

Fall sofort loszulassen. Hüpft das Pferd, begleitet der Trainer es einfach in dieser Haltung einige Schritte und beruhigt es mit der Stimme, bis es anhält. Tut es dies, wird die Longe sofort losgelassen und das Pferd belohnt. Auf keinen Fall darf das Pferd mit Hilfe des Zaums angehalten werden, denn auf Druck reagiert das Pferd mit Gegendruck. Das Vertrauen würde in diesem Fall sehr in Mitleidenschaft gezogen.

Bei einem älteren Pferd, das auf die oben beschriebene Weise nicht zu beruhigen ist, ist enorme Vorsicht geboten. Es empfiehlt sich ein behutsames Herantasten, bis das Pferd die Longe akzeptiert, die sein Bein hält. Scheint es aussichtslos oder bekommt der Trainer Angst, muss ein erfahrener Ausbilder zugezogen werden und der Besitzer braucht unbedingt Begleitung im weiteren Umgang mit seinem Pferd.

Der letzte Schritt bei der Vorbereitung zum Kompliment ist die *Dehnung des anderen Vorderbeines*. Die Hilfsperson hält das Pferd am losen Strick, damit es nicht davonlaufen kann. Ich nehme das rechte Vorderbein wie zum Auskratzen der Hufe, führe es sorgfältig gerade nach vorne und halte es am Huf fest. Langsam hebe und strecke ich das Bein. Wehrt sich das Pferd, kann das Bein während des Streckens leicht vibriert werden, was einen lösenden Effekt hat. Danach begleite ich das Bein vorwärts-abwärts zu Boden und stelle es gestreckt ab. Auch bei dieser Übung wird die Dehnungszeit nach und nach verlängert, bis man wieder bis zehn zählen kann. Während der Dehnung kann ebenfalls das Wort „Kom-

Auch der Trainer ...

... muss sich mit diesem Ablauf ...

... vertraut machen.

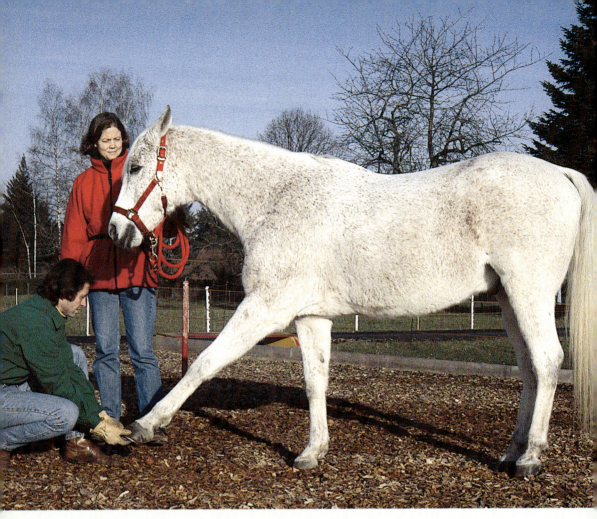

Das Bein muss gestreckt vorwärts-abwärts zum Boden geführt werden. Foto: M. Loiero

pliment" eingesetzt werden, damit das Pferd auch diesen Ablauf mit dem bekannten Befehl verbindet.

> Nun kennt das Tier alle Elemente, die zum Kompliment gehören: das Verlagern des Gewichts nach hinten, das Senken von Kopf und Hals, das Hochheben eines Vorderbeines und das Dehnen des anderen.

Es wäre aber verfrüht, bereits mit dem Zusammensetzen aller Elemente zu beginnen.

Auch wenn das Pferd diese Grundübungen ohne geringste Unsicherheit beherrscht, sollten sie während einiger Tage noch einzeln geübt werden, am besten zwei- oder sogar dreimal täglich. Durch die *Wiederholungen* werden die Befehle für Mensch und Pferd, das Gefühl für die Bewegungen und die Kommunikation untereinander (sowohl zwischen den beiden Menschen als auch zwischen Mensch und Pferd) präziser und verständlicher, was viel zu einem besseren Gelingen beiträgt. Sinnvoll ist es, dabei gleich in der Reihenfolge zu üben, die sich beim späteren Zusammensetzen ergibt: 1. Hochheben, 2. Dehnen, 3. Senken, 4. Verlagern.

Schon bald fragen sich Neulinge, ob diese Grundübungen im selben Zeitraum auf beiden Seiten geübt werden sollen. Die Philosophien verschiedener Ausbilder und deren Umsetzung in die Praxis gehen in dieser Frage auseinander. Nicht umstritten ist die Tatsache, dass für das Pferd das *Üben eines Elementes auf der anderen Seite mit dem Erlernen einer neuen Übung gleichzusetzen ist.* Dies hat mich in der Arbeit mit Pferden dazu bewogen, eine Übung wie etwa das Kompliment zuerst nur auf einer Seite, von der kleinsten Vorübung bis zum Schluss, zu lehren. Meistens geht es dann auf der anderen Seite ein wenig leichter. Dies hängt jedoch nicht mit der Erfahrung der erlernten Bewegungsabläufe auf der ersten Seite zusammen, sondern vielmehr mit dem Vertrauen, das das Pferd in der Zwischenzeit zu seinem Trainer aufgebaut hat. Es weiß, dass kein Hilfsmittel ihm Schaden zufügt und dass der Trainer nichts Unmögliches verlangt. Zusätzlich ist das „Handling" des Trainers auf der zweiten Seite wesentlich klarer und sicherer, da auch er von den Erfahrungen der ersten Seite profitieren kann.

> Alle bisher erarbeiteten Bausteine führen nun zum entscheidendsten Teil der Übung „Kompliment": Die einzelnen Erfahrungen, die das Pferd gemacht hat, werden zusammengeführt.

Die Ausgangslage ist bekannt, das Pferd steht gezäumt und mit montierter Beinlonge ruhig da, die Hilfsperson steht seitlich vor dem Pferdekopf, in einer Hand die Gerte, in der anderen einen Belohnungswürfel. Ich stehe seitlich auf der Höhe des Widerristes, den Blick nach vorne gerichtet, halte mit der äußeren Hand das Ende der Longe nahe beim Pferdekörper und mit der inneren Hand die Beinlonge ganz nahe am Fußgelenk.

Nun gebe ich das Kommando „Kompliment" und gleichzeitig touchiert die Hilfsperson die Außenseite des Röhrbeins. Sobald das Pferd das Bein anhebt, ziehe ich die Longe nach und halte das Bein rechtwinklig fest. In ruhigem Ton wiederhole ich fortlaufend den Befehl „Kompliment", die Hilfsperson tippt ununterbrochen leicht ans Röhrbein.

Sobald das Bein fixiert ist und meine innere Hand auf dem Widerrist liegt, beginne ich, einen leichten Zug auf die Zügel auszuüben und meinen Körper nach hinten zu neigen. Im selben Augenblick beginnt die Hilfsperson, das Pferd mit einem Belohnungswürfel nach unten zu locken. Dadurch erhält das Pferd den ihm bekannten Befehl, sein Gewicht nach hinten zu verlagern und zugleich wird es vom Belohnungswürfel nach unten geführt.

Für die Hilfsperson ist es nicht einfach, gleichzeitig die Gerte und den Belohnungswürfel richtig einzusetzen. Deshalb kommt eine der beiden Aufgaben oft zu kurz. Treten solche Koordinationsschwierigkeiten auf, muss sich die Hilfsperson einfach auf das Wesentlichste konzentrieren, bei dieser Übungssequenz auf das Herunterlocken des Pferdes.

Verschiebt das Pferd sein Gewicht auch nur ein wenig aber doch sichtlich nach hinten und senkt es Hals und Kopf, um den Leckerbissen zu erreichen, lasse ich Longe und Zügel los und lobe es für seine Leistung. Die Hilfsperson hört natürlich genau im selben Moment mit dem Touchieren auf.

Nun beginnt die *Wiederholung* und wenn immer möglich versuchen wir, das Pferd ein wenig *weiter nach unten zu bewegen*. Um nicht während einer Übung entscheiden zu müssen, wie weit wir gehen wollen, ist es sinnvoll, sich *vorher Teilziele* zu stecken und zu vereinbaren, wann mit dem Zug nachgelassen wird.

Neben der Verwendung des Befehles „Kompliment" ist es nun auch angebracht, mit den *Schlüsselwörtern* „Gut" und „Nein" schon die kleinsten Reaktionen des Pferdes unmittelbar zu kommentieren. Es ist ganz wichtig, dass in dieser Phase nicht jedes Teilziel, und sei es noch so gut gelungen, mit einem Belohnungswürfel belohnt wird.

> Den Belohnungswürfel hat sich das Pferd erst verdient, wenn es ihn kniend am Boden frisst. Ist es so weit, dass das Pferd mit seinem „Knie" den Boden berührt hat, lasse ich alles los und lobe das Pferd über alle Maßen: Das Ziel ist fürs Erste erreicht.

Wenn die Vorbereitung seriös durchgeführt worden ist, sollten tatsächlich keine größeren Probleme zu erwarten sein, denn das Pferd wird die Verknüpfungen nachvollziehen können und das System begreifen. Auch die Beinlonge, die das Bein hochhält, wird es nicht als Behinderung wahrnehmen, sondern durch das Vertrauen zum Trainer, der auf dieser Seite steht, als Ersatz für die fehlende Stütze.

Aber es geht natürlich nicht in jedem Fall so einfach. Eine Schwierigkeit, die vielen zu schaffen macht, ist das „Handling" mit den Zügeln und die Dosierung des Zuges.

Widersetzt sich das Pferd in keiner Weise, muss der Trainer nach der Rückwärts- Abwärtsbewegung sofort Zügel und Longe loslassen, um das Pferd dafür zu belohnen, dass es sich nicht gewehrt hat.

Reagiert das Pferd nicht sofort auf einen feinen Zügelzug, darf der Trainer diesen nicht gleich verstärken, sondern muss dem Pferd genügend Zeit lassen, um über die Situation nachzudenken. Bei der kleinsten Bewegung nach hinten wird es dann sofort belohnt. Eine weitere Möglichkeit, um einem Pferd, das in der Ausgangsstellung verharrt, in die Bewegung zu helfen, ist das Ausführen von feinen Wippbewegungen. Dabei ist darauf zu achten, dass die Zügel nicht so weit losgelassen werden, dass es beim Wiederaufnehmen im Maul des Pferdes einen Ruck gibt. Und als dritte Variante zum Lösen von Blockierungen schlage ich vor, das Kopfstück zu wechseln. Vielleicht funktioniert die Verständigung besser mit dem Zaum beziehungsweise mit dem Stallhalfter.

Es gibt allerdings Pferde, die in dieser Situation einfach eine gewisse Sturheit an den Tag legen. Dann bleibt dem Trainer nichts anderes übrig, als den Zug an den Zügeln etwas zu verstärken. Das soll aber nicht dazu führen, dass er das Pferd mit den Zügeln zu Boden zieht! Mit der von mir empfohlenen

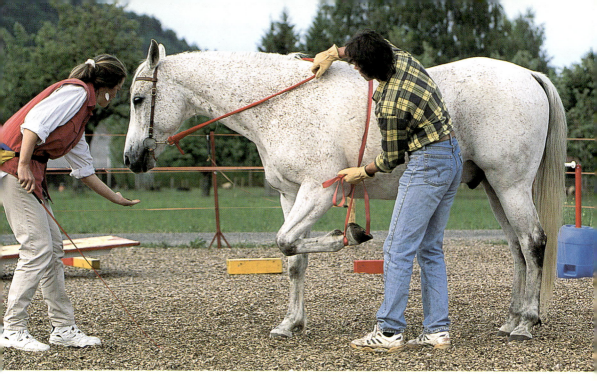

Mit dem Belohnungswürfel lockt die Hilfsperson das Pferd ...

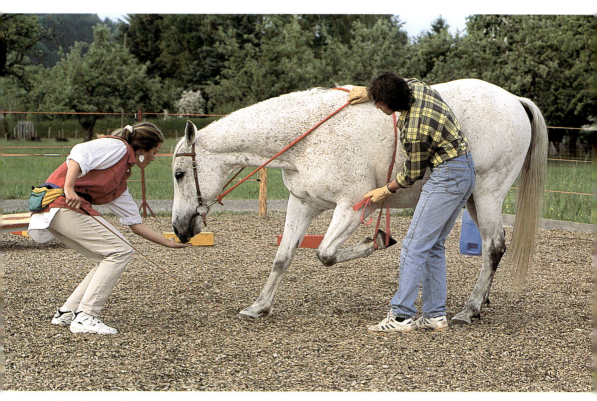

...in die gewünschte Stellung nach unten...

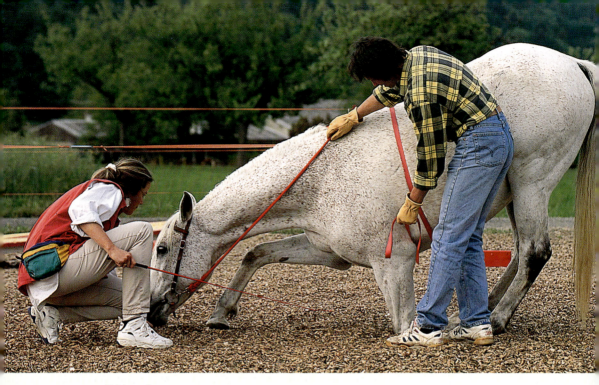

... und belohnt es dort.

Dann wird es aus dieser Situation entlassen.

Zäumung kann das Pferd ja jederzeit deutlich reagieren: Sobald es das Maul aufreißt, heißt dies, dass der Trainer zu viel Kraft einsetzt. Viele Pferde, die sich gegen den Zügel wehren, spreizen zusätzlich die Hinterbeine nach hinten, um dem Zügelzug so entgegenzuwirken. Ist dies der Fall, stellt der Trainer das Pferd wieder korrekt hin und beginnt die Übung von neuem.

Andere Pferde wiederum explodieren beim Zusammenführen der Einzelübungen und stürmen nach vorne. Das kann bedeuten, dass die Vorbereitungen zu schnell und zu ungenau durchlaufen worden sind oder dass einfach noch mehr Einfühlungsvermögen vom Trainer gefragt ist. Grundsätzlich empfiehlt es sich, in sehr kleinen Sequenzen zu arbeiten. Ich rate dazu, nur etwa drei Mal pro Trainingseinheit an einer Übung zu feilen. In der Regel verarbeiten die Pferde während der Pausen im Stall das Erlernte und kommen mit neuen Voraussetzungen ins nächste Training.

Hin und wieder kommt es vor, dass sich ein Pferd sofort aufs „Knie" stützt und danach abliegt. Auch wenn man im ersten Moment überwältigt ist von dieser Reaktion und sogar Freude daran hat, so hat das Pferd doch nicht die gewünschte Übung ausgeführt und darf also auch nicht belohnt werden. Der Trainer freut sich halt nur innerlich, lässt das Pferd mit ruhigen aber konsequenten Kommandos aufstehen und beginnt von neuem. Da er dem Pferd das Abliegen später auch beibringen will, korrigiert er jedoch nicht mit dem Schlüsselwort „Nein" oder mit hastigen Bewegungen, sondern durch Ignorieren des verfrühten Angebotes.

Damit man den unterschiedlichsten Reaktionen des Pferdes gerecht werden kann und für spezielle Situationen spezielle Lösungen zu suchen vermag, ist es sehr wichtig, den gesunden Menschenverstand einzusetzen. Stößt man aber an die eigenen Grenzen oder ist sich seiner Sache nicht ganz sicher, ist es unumgänglich, einen versierten Ausbilder aufzusuchen.

Zurück zum grundsätzlichen Aufbau der Übung: Sind wir so weit, dass das Pferd seinen Belohnungswürfel am Boden aus der Hand der Hilfsperson in aller Ruhe frisst, werden Zügel und Longe leicht gelockert. Setzt das Pferd zum Aufstehen an, lasse ich beides los und bewege mich *blitzschnell einen Schritt vorwärts*. Dies muss unbedingt vor der Bewegung des Pferdes erfolgen und wird vom Kommando „Auf" unterstützt. Die Hilfsperson darf dabei nicht vergessen, die Gerte vom Bein zu nehmen, bevor das Pferd aufsteht. Wird dies einige Male wiederholt, bekommt das Pferd das Gefühl, auf mein Kommando aufgestanden zu sein.

> Die Vorwärtsbewegung beim Aufstehen ist wie die Rückwärtsbewegung bei der Aufforderung zum Kompliment ein immer gleich bleibendes Signal, welches das Pferd begleitet.

Nun geht es darum, die Zeit des Unten-Bleibens zu verlängern. Ist das Pferd in der gewünschten Position am Boden und frisst die Belohnung, wird die *Longe nur leicht gelockert,* so dass das Röhrbein flach auf dem Boden liegt. Auch der *Zügel wird leicht gelockert,* aber ich behalte noch einen feinen Kontakt zum Pferdemaul. Wenn das Pferd dann aufstehen will, hindere ich es daran, indem ich die *Zügel sanft wieder anziehe* und den Befehl „*Kompliment*" ruhig wiederhole. Kommt es willig nochmals ins Kompliment zurück, lasse ich alles los und erlaube ihm, mit dem Wort „Auf" und indem ich einen Schritt vorwärts mache, aufzustehen.

Zu Beginn wird es dem Pferd sicher einige Male gelingen, vor dem Kommando des Trainers aufzuspringen. Doch er lässt sich dadurch nicht beirren, hält die Longe fest und fordert das Pferd sofort weiter auf, das Kompliment zu machen. Ist das Pferd wieder unten, vermindert er den Zügelzug, behält aber die Hand gut spürbar auf dem Widerrist und verzögert seine Vorwärtsbewegung. Erst wenn das Pferd einen Moment wartet, lässt er alles los und bewegt sich nach vorn.

Hier bedarf es eines guten Zusammenspiels zwischen Trainer und Hilfsperson, da die Hilfsperson die verbalen Kommandos des Trainers sofort richtig unterstützen muss. Ist das Pferd in der Abwärtsbewegung, tippt die Hilfsperson seitlich ans Röhrbein des Pferdes. Ist das Pferd im Kompliment, hält sie die Gerte einfach ruhig am Röhrbein angelegt. In Verbindung mit dem differenzierten Umgang mit dem Zügel, der angenommen und losgelassen werden muss, ohne dass der Trainer dabei die Kontrolle über die Longe verliert, wird die Zeitdauer des Komplimentes nach und nach verlängert.

> Ist das Pferd nun so weit, dass es den Belohnungswürfel am Boden nimmt und etwa zehn Sekunden mit entspannter Longe und lockerem Zügel unten bleibt, beginne ich, die Bewegungen des Pferdes noch gezielter zu kontrollieren und die Hilfsmittel abzubauen.

Als Erstes wird das Pferd nicht mehr mit dem Belohnungswürfel nach unten gelockt. Es bekommt ihn erst, nachdem es aufgestanden ist – und nur wenn es während der geforderten Zeit unten geblieben ist. *Damit verliert der Belohnungswürfel seine Bedeutung als Lockmittel.* Das Pferd muss mit der Zeit lernen, auch mit gestreichelt Werden und wohlwollenden Worten zufrieden zu sein.

Ich habe die Erfahrung gemacht, dass die meisten Pferde in dieser Phase selbständig hinunter gehen, sobald ich die Longe nachziehe. Ich lasse mich aber nicht vom korrekten Ablauf abhalten, auch wenn ich die innere Hand erst dann auf den Widerrist legen kann, wenn das Pferd schon unten ist.

Nun *baue ich die Longenhilfe ab.* Ich schlinge die Longe nicht mehr um den Bauch des Pferdes, sondern halte sie bei der Aufforderung zum Kompliment direkt oberhalb des Fesselbeins fest. Die Longe hält das Bein nur noch, während das Pferd nach unten geht. Ist es auf dem Vorderfußwurzelgelenk angelangt, lasse ich die Longe so weit aus der Hand gleiten, dass das Röhrbein flach auf dem Boden liegt und ich aufrecht stehen kann.

Will das Pferd nun aufspringen, ist es dem Trainer kaum mehr möglich, es daran zu hin-

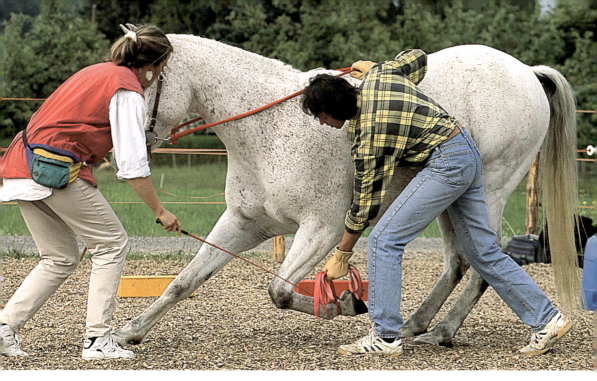

Sitzt die Übung mit der Longe, …

…, baue ich die Longenhilfe ab.

dern, denn meistens reißt es ihm die Longe aus der Hand. Für ein gezieltes „Nein" ist er in dieser Situation erfahrungsgemäß zu langsam und so steht das Pferd dann halt – auf ein Lob wartend – neben ihm. Es bleibt ihm nichts anderes übrig, als den Fehler zu ignorieren und ganz ruhig von neuem zu beginnen. Steht das Pferd immer wieder zu früh auf, ist es nötig, ihm die Longe wieder um den Bauch zu legen. Dieser Auf- und Abbau der Longenhilfe wird so lange durchgeführt, bis der Trainer sich darauf verlassen kann, dass das Pferd auch ohne Longe um den Bauch ruhig unten bleibt.

Klappt das gut, arbeite ich darauf hin, die *Longe ganz wegzulassen.* Bei diesem Schritt verändert sich einiges: Ohne Longe habe ich meine äußere Hand frei, wodurch es mir möglich wird, die Gerte selber in die Hand zu nehmen. Auch die allfällige Belohnung mit einem Belohnungswürfel kann ich nun selber übernehmen. Die *Hilfsperson ist also nicht mehr selber aktiv;* sie kann mir aber als kritische Beobachterin weiterhin gute Dienste leisten.

Ich stehe in der bekannten Position neben dem Pferd, halte die Gerte in der äußeren Hand und touchiere damit – wie vorher die Hilfsperson – die Außenseite des Röhrbeins. Gleichzeitig nehme ich – wenn das noch nötig ist – die Zügel leicht an, bewege mich nach hinten und begleite das Pferd mit dem Kommando „Kompliment" in die gewünschte Position. Nimmt das Pferd diese ein, lasse ich die Gerte am Bein liegen und stehe selber ruhig, bis ich mit Körper und Stimme das Kommando zum Aufstehen gebe.

Ein Problem tritt in dieser Phase häufig auf: Sobald die Longe weggelassen wird, fehlt dem Pferd der Halt und die Führung seines Beines. Es lässt bei der Rückwärtsbewegung den Huf einfach hängen. Dabei keilt sich die Hufspitze im Boden fest und stoppt die Bewegung nach hinten. Unwillig kämpft das Pferd dagegen an, bis es ihm zu viel wird und es aufsteht.

Um dieses Übel zu beheben, gibt es einen einfachen Trick, der aber vom Trainer einiges an Balance verlangt. Sobald das Pferd sein Bein hochgenommen hat und sein Gewicht nach hinten zu schieben beginnt, hält er seinen inneren Fuß unter den Huf und begleitet ihn so lange nach hinten, bis die Hufspitze sich nicht mehr verkeilen kann. Anfangs ruft dies unter Umständen einige Koordinationsschwierigkeiten hervor, denn der Trainer muss mit der Bewegung des Pferdes einige „Hüpfer" rückwärts machen, ohne die eigene Haltung und die Zügelführung zu verändern. Die Unterstützung mit dem Fuß benötigt das Pferd so lange, bis es seinen Huf während der gesamten Abwärtsbewegung selber hochhalten kann. Wenn es das Kompliment einmal längere Zeit nicht mehr gemacht hat, kann diese Hilfe vorübergehend auch wieder nötig sein. Manchmal reicht es auch aus, das Pferd mit der Gerte ein wenig stärker zu touchieren oder den Huf nur ganz kurz mit der Fußspitze von unten anzutippen.

Eine weitere Schwierigkeit liegt in der korrekten Ausführung des Kompliments: Wird dem Pferd die Beinlonge weggenommen, entwickeln sich manchmal ganz seltsame Formen. Beispielsweise wird das angewinkelte

Um dem Pferd auch ohne Longe zu helfen, kann ich meinen Fuß einsetzen.

Bein zusammengeklappt, was zu einem „flachen Kompliment" führt. Ich kann dieser Stellung nichts Sinnvolles abgewinnen. Im Gegenteil, ich erachte sie als eine Sackgasse, denn sie macht eine Weiterentwicklung zum Knien unmöglich. Deshalb empfehle ich dem Trainer, das Pferd sofort zum Aufstehen aufzufordern, die nicht erwünschte Position zu ignorieren und mit der Übung von neuem zu beginnen. Will das Pferd das Kompliment nicht in der gewünschten Weise ausführen und findet man keine Lösung für dieses Problem, ist es Zeit, einen Profi aufzusuchen.

Als Letztes *entfällt auch das Zaumzeug,* damit das Ziel des perfekten Kompliments im Sinne der Freiheitsdressur erreicht wird. Das Pferd führt die Übung dann auf Kommando in Freiheit aus, obwohl es sich seiner Aufgabe entziehen könnte. Dieser letzte Schritt bringt in den seltensten Fällen Probleme mit sich. Anfangs lege ich dem Pferd noch die innere Hand auf den Widerrist, bevor ich ihm die anderen Befehle gebe. Meist wird dies aber gar nicht nötig sein. Wenn ich nämlich so weit gekommen bin, sind die Reaktionen des Pferdes auf meine Signale mit Gerte, Stimme und Körper weitgehend gefestigt. Voraussetzung dafür ist natürlich, dass ich alle Kommandos und Bewegungen immer korrekt gegeben und ausgeführt habe.

Läuft das Pferd ohne mechanische Verbindung davon, muss ich mit ihm an den ganz grundlegenden Vorübungen arbeiten.

Hier nochmals in Kürze alle Schritte für das Erlernen des Komplimentes:
- den Kopf mit Belohnungswürfel herunter locken
- Rückwärtsbewegung einüben
- an die Beinlonge gewöhnen (in zwei Schritten, direkt und um den Bauch herum)
- das andere Vorderbein auf die Dehnung vorbereiten
- die Bewegungen zum Kompliment kombinieren
- die Zeitdauer des Komplimentes verlängern
- den Belohnungswürfel als Lockmittel absetzen
- die Longenhilfe in zwei Schritten abbauen
- den Zaum entfernen.

Zu Beginn der Übung kommt viel Neues auf den Trainer und auf das Pferd zu. Kommandos, Körperhaltungen und Hilfsmittel müssen kombiniert eingesetzt werden. Die Beinlonge und deren vielleicht noch ungeschickte Handhabung verunsichern anfänglich das Pferd. Wird es aber mit Vertrauen an die Hilfsmittel gewöhnt, werden diese zu Stützen für die einzelnen Abläufe. Durch den Abbau der Hilfsmittel verringert sich dann der direkte Einfluss des Trainers, was das Pferd erneut verunsichert. Es ist deshalb die Aufgabe des Trainers, die beschriebenen Signale und Hilfestellungen so korrekt auszuführen, dass sich das Pferd beim Abbau an den übrig gebliebenen Signalen orientieren kann.

Treten Probleme auf, lohnt es sich meist, den vorherigen Schritt noch einmal zu vertiefen. Zu langes Üben an derselben Übung empfiehlt sich jedoch nicht. Das Pferd braucht Zeit, um im Stall die Neuheiten zu verarbeiten.

Bleiben Trainer und Pferd in einer Situation stecken, ist das Entwickeln von eigenen Ideen gefragt oder der Beizug eines Ausbilders. Von diesem kann man sich ja dann, wenn alles wieder klappt, elegant verabschieden …

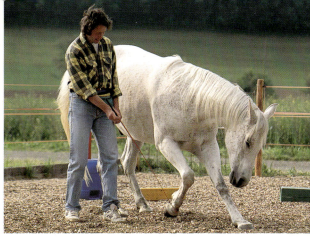

Führt das Pferd die Lektion korrekt …

… und in Freiheit aus, …

…, hat es eine spezielle Belohnung verdient.

Knien –
Das ist der Weg zum Liegen

GRUNDSÄTZLICHES

Es liegt in der Natur des Pferdes, sich beim Hinlegen zuerst auf die „Knie" zu begeben. Doch der Moment, in dem die Vorderfußwurzelgelenke richtig belastet werden, ist nur kurz. In der Natur kommt es zudem nicht häufig vor, dass das Pferd aus der Knieposition wieder aufstehen muss. Normalerweise geht es in die Knie, legt sich hin und steht über das Sitzen wieder auf. Einzig im Kampf oder Spiel lassen sich Pferde auf die Knie fallen und stehen dann direkt wieder auf. Leider ist es heute den wenigsten Pferden möglich, diese natürlichen Triebe auszuleben, in der Freiheitsdressur kann ich aber damit arbeiten.

Das Knien ist nichts anderes als eine *Erweiterung des Kompliments*. Wenn das Pferd das Kompliment auf beiden Seiten beherrscht, wird es die neue Signalgebung, die zur neuen Stellung führt, bald lernen, da es beide Vorderbeine einzeln anwinkeln und darauf knien kann. Ist es zudem mit der *Bergziege* vertraut, hat es auch körperlich die besten Voraussetzungen: Es kann mit der Hinterhand unter sein Gewicht treten und kennt die Spannung im Rücken, die sich beim Knien noch erhöht. Vor allem beim Hinknien und beim Aufstehen muss das Pferd sehr viel Gewicht mit der Hinterhand aufnehmen. Das erfordert enorme Kraft und eine noch ausgeprägtere *Balance* als beim Kompliment. Deshalb ist es wichtig, das Pferd über das aufrechte Kompliment ins Knien zu führen. Beim flachen Kompliment hat das Pferd zu wenig Gewicht auf der Hinterhand. Zu viel Gewicht lastet auf der Vorhand, auf dem zu stark angewinkelten Bein. So kann das Pferd das andere Bein nicht zum Knien nach hinten ziehen. Deshalb ist das Knien aus dieser Stellung fast nicht möglich.

So sieht ein *korrektes* Knien aus, das meinen Erwartungen entspricht: Die beiden hinteren Beine stehen parallel unter der Kruppe und übernehmen das Hauptgewicht. Mit den vorderen Beinen kniet das Pferd ebenfalls parallel. Die Röhrbeine liegen flach auf dem Boden und die Unterarme stehen im rechten Winkel dazu. Hals und Kopf trägt das Pferd aufrecht in natürlicher Haltung. Es blickt nach vorn.

Bei den vorhergehenden Übungen waren die Aufbauschritte genau vorbestimmt – mit ganz wenigen Ausnahmen, welche die Flexibilität des Trainers verlangten. Beim Knien ist dies nicht mehr der Fall. Je nach Veranlagung und Konstitution des Pferdes sind grundsätzlich *zwei Wege* möglich. Bei der ersten Variante, die ich beschreibe, macht sich der Trainer das Spiel- und Kampfverhalten zunutze und baut auf der Kommunikation mit Körper, Stimme und Gerte auf. Die zweite Variante arbeitet mit den zusätzlichen Hilfsmitteln, die schon beim Üben des Kompliments verwendet wur-

Das Knien ist eine Fortsetzung des Kompliments.

den, und empfiehlt sich dann, wenn der erste Weg nicht zum Ziel führt.

Als *Signalwort* verwenden viele Ausbilder den französischen Ausdruck „À genoux". Ich verwende der Einfachheit halber das Wort „Knie". Dies bedeutet aber, dass ich das Kommando „Hier" in der Arbeit nicht benütze, weil diese beiden Wörter eine zu ähnliche Melodie haben und für das Pferd schwierig auseinander zu halten sind. Anstelle von „Hier" verwende ich das schweizerdeutsche Wort „Chumm" oder das hochdeutsche „Komm".

VORBEREITUNG

Das Pferd wird wie immer mit leichtem Longieren und mit den beiden empfohlenen Dehnungsübungen vorbereitet.

In den seltensten Fällen besteht die Möglichkeit, den Trainingsplatz je nach Verwendungszweck zu verändern, trotzdem beschreibe ich jedes Mal den optimalen Arbeitsplatz. Für das Knien ist ein *weiches, knieschonendes Material* noch wichtiger als beim Kompliment. Der Untergrund darf nicht allzu beweglich sein, damit das Pferd bei der Gewichtsaufnahme auf die Hinterhand nicht rutscht.

Neue *Hilfsmittel* sind nicht nötig. Es genügt, wenn das Pferd mit Stallhalfter und Strick ausgerüstet ist und die Gerte bereitliegt. Auch Belohnungswürfel sind in dieser Übung eigentlich nicht notwendig, ich empfehle aber, sie in greifbarer Nähe zu haben. Wenn der zweite Weg eingeschlagen werden muss, braucht es zusätzlich eine Beinlonge, Zaumzeug und Zügel sowie die Hilfsperson. Um in diesem Fall keine unnötigen Pausen zu verursachen, ist es sinnvoll, von Anfang an zu zweit auf den Platz zu gehen und alle Hilfsmittel bereit zu halten. Zudem ist zu Beginn der Übung eine beobachtende Person äußerst hilfreich.

AUFBAU

Wenn das Pferd vorbereitet ist, führe ich es in die Mitte des Trainingsplatzes und stelle es so hin, dass die Vorder- und Hinterbeine parallel zueinander sind. Unterdessen sollte es für das Pferd selbstverständlich sein, ruhig zu stehen und auf meine Signale zu warten. Ist das gegenseitige Vertrauen aber noch nicht so weit ausgebildet, dass das Pferd auch in unsicheren Situationen frei neben mir stehen bleibt, halte ich das Pferd locker an der Führleine. Damit kann ich es von neuem für die Übung positionieren, wenn es sich von meiner Seite entfernt hat.

Um das Signal für das Knien zu geben, *stelle ich mich im rechten Winkel links neben das Pferd auf die Höhe seiner Vorderbeine* (ein wenig weiter vorne als beim Kompliment) und schaue es an. Die *Gerte* halte ich in der nach hinten zeigenden *rechten Hand.*

Übereifrige Pferde wollen meistens sofort ins Kompliment gehen, da sie zu wissen meinen, was für Anforderungen folgen werden. Obwohl es schön wäre, dem Pferd beim selbstständigen Ausüben des Komplimentes zuzuschauen, muss sein guter, aber voreiliger Willen jetzt mit einem bestimmten „Nein" unterbrochen werden. Lässt man ein übereifriges Pferd in einem solchen Moment tun, was es will, geht es nicht lange, bis es das Programm selber bestimmt. Dies widerspricht jedoch den Spielregeln der Freiheitsdressur. Ein solches Pferd muss lernen, vor den Übungen immer länger ruhig dazustehen und auf die Kommandos zu warten. Der Einsatz von Beloh-

nungswürfeln ist zu überdenken; vielleicht hat er zum Übereifer des Pferdes geführt? Auf alle Fälle werden spontan ausgeführte Übungen nie belohnt.

> Die erste Variante zum Erlernen des Kniens stützt sich wie schon erwähnt auf den *Kampf- und Spieltrieb der Pferde.*

Im Kampf versuchen die Pferde, sich gegenseitig in die Beine zu beißen. Dazu, und um sich vor den Bissen des Gegners zu schützen, lassen sie sich auf die Knie fallen.

Diese Reaktion versuche ich auszulösen, indem ich gleichzeitig mit dem Wortkommando „Knie" mit der Gerte die hintere Seite des linken Röhrbeines antippe. Sobald das Pferd in die Rückwärtsbewegung geht und das Bein anzuwinkeln beginnt, touchiere ich zusätzlich die Innenseite des rechten Röhrbeines. Im besten Fall nimmt das Pferd jetzt das gesamte Gewicht auf die Hinterhand, winkelt die Beine an und geht in die Knie. Im zweitbesten Fall setzt es sein linkes Bein anwinkelt auf den Boden und zieht dann das rechte in die Kniestellung nach.

Meistens geht dies aber nicht so einfach. Das Pferd nimmt wahrscheinlich ohne weiteres hin, dass es an einer neuen Stelle des Röhrbeines angetippt wird. Vielleicht registriert es diese Veränderung nicht einmal richtig, denn bisher hat es noch nicht gelernt, dass es für verschiedene Übungen an verschiedenen Stellen touchiert wird. Doch das Antippen beider Beine verwirrt anfänglich viele Pferde. Deshalb muss man hier mit viel Ruhe vorgehen

und immer wieder Pausen einlegen. Eine Möglichkeit dem Pferd klar zu machen, was von ihm verlangt wird, besteht darin, abwechslungsweise einmal rechts und einmal links anzutippen. Unter Umständen versteht es den Trainer besser, wenn dieser nicht hinten, sondern vorne am Röhrbein Signale gibt. Oder wenn er mit der flachen Gerte beide Röhrbeine gleichzeitig berührt, sei's von vorne oder von hinten. Bleibt ein Bein etwas zurück, kann dieses durch nochmaliges Antippen speziell aufgefordert werden.

Wichtig ist es, herauszufinden, auf welche Berührung das Pferd am besten reagiert. Diese Signalstelle wird beibehalten und nicht mehr gewechselt.

Wenn das Pferd die Signale versteht, mit beiden Vorderbeinen *zum Anwinkeln ansetzt und gleichzeitig Gewicht mit der Hinterhand aufnimmt,* zeige ich mich anfänglich vollends zufrieden. Es ist nicht nötig, dass es beim ersten Training schon den Boden berühren muss. Beim nächsten Training üben wir weiter. Wie immer muss man auch hier in *kurzen Sequenzen arbeiten* und *beim kleinsten Erfolg loben.* Läuft es einmal ganz falsch, ignoriere ich das einfach und beginne mit demselben Wohlwollen wie immer von neuem.

Gelingt es dem Pferd dann einmal, auf die Knie zu kommen, drehe ich mich *parallel* zum Pferd, mache einen *Schritt nach hinten,* wechsle die Gerte in die *äußere (linke) Hand,* lege dem Pferd die *rechte Hand auf den Widerrist* und verharre ganz kurz so. Dann lasse ich den Widerrist wieder los und fordere das Pferd mit dem Kommando „*Auf*" und einem *Schritt nach vorne*

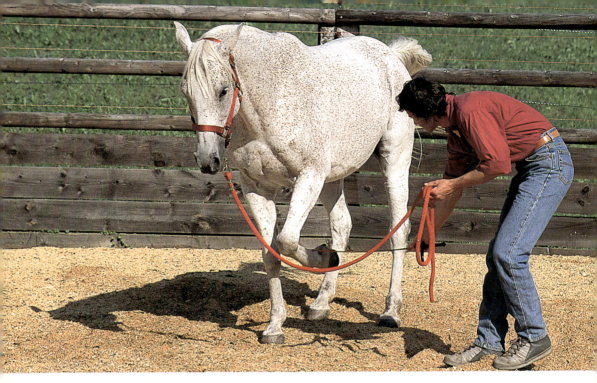

Das Pferd wird durch Antippen mit der Gerte auf der Hinterseite des Röhrbeines ...

... zum Knien aufgefordert.

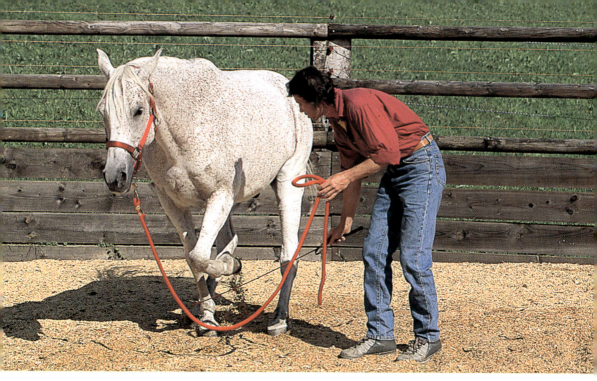

Das Pferd kann auch durch Antippen auf der Vorderseite zum Knien aufgefordert werden.

wieder zum Aufstehen auf. Das Pferd muss beim Aufstehen gut beobachtet werden, denn es könnte anfangs mit den Vorderhufen seitlich etwas ausscheren und den Trainer verletzen.

> Will oder kann das Pferd diese Signale überhaupt nicht verstehen und zappelt es während einiger Übungseinheiten einfach verständnislos herum, muss ich mich auf den *zweiten Weg* konzentrieren. Dieser entsteht aus dem Bewegungsablauf, den das Pferd beim *Abliegen* zeigt.

Meine Aufgabe ist es, den Ablauf zum Hinlegen im Moment des Kniens zu stoppen und das Pferd dort innehalten zu lassen.

Das Pferd wird mit Zaum oder Stallhalfter, Zügeln und Beinlonge um den Bauch vorbereitet. Ich führe die Beinlonge und die Zügel, die Hilfsperson übernimmt die Gerte und hält allenfalls einen Belohnungswürfel bereit. Ich stelle mich genau gleich wie beim Erlernen des Komplimentes neben das Pferd und übernehme die Regie. Auf mein Kommando „Knie" beginnt die Hilfsperson, das *vordere linke Bein hinten am Röhrbein anzutippen*. Das Pferd wird ohne weiteres ins Kompliment gehen, da es diesen Ablauf bestens kennt. Das Kommando „Knie" wird es kaum wahrnehmen, es ist aber trotzdem wichtig, dieses Kommando von Anfang an zu benutzen. Die veränderte Signalstelle wird es ebenfalls nicht bemerken und demzufolge auch nicht verunsichert sein.

Ist das Pferd dann im Kompliment, entspanne ich die Longe nur so weit, dass das Röhrbein flach auf dem Boden liegt, und veranlasse das Pferd mit den Zügeln, den *Kopf ein wenig nach rechts zu wenden*. Beim Hinlegen

Mit dem Auflegen der Hand auf dem Widerrist zeige ich dem Pferd, dass es in der knienden Stellung bleiben soll.

macht das Pferd genau diese Bewegung, um das gestreckte Bein einfacher nachziehen und sich dann auf die gebogene Rippenseite legen zu können.

Die Hilfsperson *tippt nun das gestreckte rechte Bein* am selben Ort wie das linke an, und ich *wiederhole* mit ruhiger Stimme fortlaufend das Wortkommando *„Knie"*.

Beherrscht das Pferd alle vorgängigen Übungen und vertraut es mir, wird es nun dieses Bein in die Kniestellung nachziehen. Allerdings geht es davon aus, dass ich es zum Hinlegen bringen will, und wird deshalb mit dieser Bewegung fortfahren wollen. Die Schwierigkeit besteht also darin, *das Pferd auf verständliche Weise in seiner Bewegung zu stoppen.* Ich lobe das Pferd für sein zurückgezogenes Bein, muss es aber wahrscheinlich fast im selben Moment mit einem schroffen „Nein" vom Hinlegen abhalten. Unmittelbar darauf fordere ich es, während ich *Zügel und Longe loslasse,* mit einem bestimmten „Auf" und einem Schritt nach vorne zum Aufstehen auf.

Haben wir das einige Male geübt und hält das Pferd bereits einen kurzen Moment in der Kniestellung inne, versuche ich es von der Idee des Hinlegens abzubringen, indem ich mit den Zügeln den *Kopf wieder gerade* stelle, sobald beide Vorderbeine knien. Die gerade Stellung erschwert dem Pferd das Hinlegen und so kann ich ihm beibringen, *noch etwas länger in der gewünschten Position auszuharren.* Klappt das, belohne ich es angemessen und lasse es mit einem anerkennenden *„Auf"* wieder aufstehen, indem ich Zügel und Longe loslasse und einen Schritt nach vorne mache. Die-

Wie beim Kompliment kann ich auch beim Knien die Beinlonge zur Hilfe nehmen.

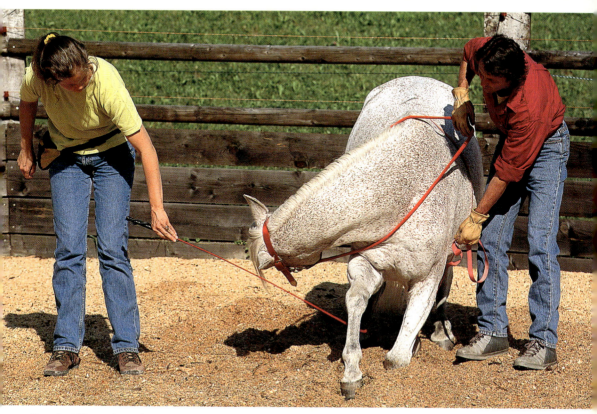

Bevor die Hilfsperson das Zeichen zum Knien am zweiten Bein gibt, muss das Pferd den Kopf zur Seite nehmen.

Damit das Pferd sich nicht hinlegt, muss der Kopf sofort wieder gerade gerichtet werden.

ser ganze Ablauf muss unzählige Male wiederholt werden, bis das Pferd versteht, dass ich von ihm die Kniestellung wünsche.

Zu Beginn dieser Übungssequenz wird die Hilfsperson noch um das Pferd herumlaufen, um zuerst das linke und dann das rechte Bein anzutippen. Mit zunehmendem Können des Pferdes fehlt dazu aber die Zeit, weil das Touchieren des rechten Beines immer schneller auf das des linken folgen muss.

Akzeptiert das Pferd die Signale der Gerte, werden *Beinlonge, Zügel und Hilfsperson überflüssig*. Ich halte das Pferd am Strick und gebe ihm dieselben Zeichen wie bei der ersten Variante.

> Mit der ersten oder mit der zweiten Vorgehensweise habe ich erreicht, dass das Pferd die Signale zum Knien kennt, meiner Aufforderung nachkommt und sich auf beide Knie niederlässt.

Jetzt geht es wie beim Kompliment darum, die Zeitdauer des Kniens auch ohne Hilfsmittel nach und nach zu verlängern und dabei führen die beiden Wege wieder zusammen. Ähnlich wie beim Kompliment veranlasse ich das Pferd mit einem leichten Druck auf den Widerrist unten zu bleiben. Wichtig ist dabei, die *Dauer des Kniens nur ganz langsam zu verlängern*.

Niederknien in völliger Freiheit

Gleichzeitig muss ich unbedingt darauf achten, dass das Pferd die Position der *Vorderbeine korrekt* erlernt, so wie es zu Beginn des Kapitels beschrieben wurde. Geht das Pferd zwar gehorsam auf die Knie, landet aber nicht in der richtigen Stellung, muss jede Belohnung ausbleiben. Ich fordere das Pferd sofort, liebevoll, aber ohne spezielle Anerkennung auf, wieder aufzustehen.

Die korrekte Haltung und das längere Untenbleiben gehen Hand in Hand und fordern von mir enorme Flexibilität und Feingefühl. Einmal lobe ich das Pferd für die gute Haltung, ein andermal für das längere Untenbleiben, bis der Zeitpunkt reif ist, auf beide Vorgaben gleichzeitig zu achten.

Mittlerweile werden auch *Halfter und Strick nicht mehr unbedingt notwendig* sein.

Wenn ich diese Hilfsmittel weglassen kann, wenn ein freies Pferd neben mir steht, das auf meine Kommandos mit Stimme und Gerte auf die Knie geht und erst auf mein Kommando wieder aufsteht, habe ich ein weiteres Ziel erreicht.

Jetzt geht es darum, beim Pferd den Unterschied zwischen Kompliment und Knien zu fixieren. Damit meine Signale für das Pferd verständlich sind, bemühe ich mich, sie bei den beiden Lektionen deutlich voneinander zu unterscheiden.

Ich versuche, meine Position beim Knien, die weiter vorn ist als beim Kompliment, bewusst einzuhalten, weil dadurch der Unterschied zum Kompliment deutlich wird. Zusätzlich teste ich, ob das Pferd auf das Touchieren der Vorderseite des Röhrbeines reagiert. Klappt das zu diesem Zeitpunkt noch nicht, bleibe ich bei der alten Antippestelle und probiere erst später umzustellen.

Signale für das Kompliment:
- Der Trainer steht auf Widerristhöhe neben dem Pferd,
- tippt das Röhrbein seitlich auf der Außenseite an,
- geht einen Schritt rückwärts und
- gibt das Kommando „Kompliment".
- Ist das Pferd unten, bleibt er in dieser Position stehen, um es zu veranlassen, unten zu bleiben.

Signale für das Knien:
- Der Trainer steht auf Vorderbeinhöhe rechtwinklig zum Pferd,
- tippt die für das Pferd verständlichste Stelle der Röhrbeine (vorne oder hinten) an und
- gibt das Kommando „Knie".
- Der Trainer dreht sich parallel zum Pferd und geht einen Schritt zurück, um das Pferd zu veranlassen, unten zu bleiben.

Die Vorwärtsbewegung mit dem Wortkommando „Auf" lässt das Pferd bei beiden Übungen wieder aufstehen.

Um dem Pferd diese *Unterschiede verständlich zu machen* ist es wichtig, dass unsere *Hilfestellungen korrekt und immer gleich* ausgeführt werden. Über längere Zeit werden nun diese *Übungen abwechslungsweise trainiert:* An einem Tag das Kompliment, am andern Tag das Knien. Erst wenn meine Signale klar und die Reaktionen des Pferdes darauf gefestigt sind, versuche ich, diese beiden Übungen in derselben Trainingseinheit abzufragen.

> Das Pferd bestimmt, wie lange es zum Erlernen einer Übung braucht.

Alle Übungen, die wir vorher erarbeitet haben, dürfen ohne weiteres während des ganzen Aufbaus in das Tagestraining eingeflochten werden. Kurze Sequenzen und genügend Pausen stellen sicher, dass das Pferd nicht überfordert wird. Mehr und mehr wird alles wie ein Spiel aussehen, an dem Beteiligte und Zuschauer ihre Freude haben.

Liegen –
Das Vertrauen ist perfekt

GRUNDSÄTZLICHES

Wenn sich ein Pferd willig und ganz ohne Zwang nur auf den Befehl des Trainers ablegt, ist dies der Beweis für totales Vertrauen und Akzeptanz.

Das ist das Hauptziel der Übung „Liegen", sei es zuhause auf dem Trainingsplatz oder während einer Präsentation. Vor allem vor Publikum zeugt es von wirklich grenzenlosem Vertrauen, wenn das Pferd ganz entspannt liegt, denn ein verkrampftes, unsicheres Tier wird nie von sich aus zu Boden gehen.

In der Natur legt sich das Pferd nur für den Tiefschlaf flach und zwar ausschließlich dann, wenn es sich ganz sicher fühlt. Beim *Flachliegen* sind die Beine ausgestreckt und der Hals sowie der Kopf liegen flach auf den Boden. Die Sinnesorgane sind während des Tiefschlafs weitgehend ausgeschaltet, die Augen sind geschlossen und die Muskulatur ist vollkommen entspannt. Bis das Pferd aus dieser Stellung zur Flucht ansetzen könnte, wäre es in der Natur meist zu spät, um der Gefahr zu entrinnen.

Anders beim *Aufrechtliegen,* das in der Abwärtsbewegung des Pferdes zuerst kommt. Der Körper liegt am Boden und die Beine sind angezogen, Hals und Kopf haben die natürliche aufrechte Haltung. Dabei hat das Pferd noch einen guten Überblick, seine Wahrnehmung ist nicht eingeschränkt. Aus dieser Stellung kann es immer noch blitzschnell aufstehen und sich der Situation entziehen, es erleidet also noch keinen Kontrollverlust.

> Die beiden Arten des Liegens unterscheiden sich also nicht nur äußerlich, sondern auch im Gefühlszustand des Pferdes.

Dem ist beim Erarbeiten der Lektion Rechnung zu tragen. Ist das Pferd noch verspannt, sind im Aufbau also erhebliche Lücken vorhanden, so ist der Zeitpunkt für diese Übung noch nicht gekommen.

Wie beim Knien gibt es auch beim Liegen *zwei verschiedene Wege.* Das Pferd wird durch sein Verhalten zeigen, welcher Weg verständlicher ist. Ich empfehle, die im Folgenden beschriebene Reihenfolge genau einzuhalten und sich nicht auf die Erfahrungen beim Knien zu stützen. Wenn das Pferd die Übung Knien beherrscht, so steht es jetzt an einem ganz anderen Punkt als zuvor und sollte die Chance erhalten, seinen neuen Ausbildungsstand zu zeigen.

In der Literatur werden unzählige Varianten aufgezeigt, wie ein Pferd zum Abliegen zu bringen sei. Meist ist das Pferd mit vielen Seilen oder Longen versehen und Männer setzen ihre Muskelkraft ein, um das Pferd zu Boden zu zwingen. In diesen Fällen wollen die Trai-

Flachliegen

Aufrechtliegen

ner das Pferd ohne jegliche Vorbereitung und um jeden Preis zu Boden bringen. Das hat überhaupt nichts mit Hinlegen zu tun. Von solchen Aktionen distanziere ich mich ganz klar. Ich möchte das Pferd zur Freiheitsdressur führen und nicht zwingen.

Eine etwas feinere Art, dem Pferd das Liegen beizubringen, besteht darin, es in einem unausbalancierten Moment ins Liegen zu werfen. Dies ist ein Ratschlag, der immer wieder zu hören ist. Die Methode wird oft angewandt, wenn sich das Pferd mit ganzer Kraft gegen das Abliegen wehrt. Aber auch dies ist nicht die Art von Freiheitsdressur, die ich gutheiße. Bei einem seriösen Aufbau wird sich die Frage des Umwerfens gar nie stellen, denn es gilt der Grundsatz: *Das Pferd entscheidet, wann der Zeitpunkt für den nächsten Schritt reif ist.*

> Der Trainer kann mit seiner Erfahrung und seinem korrekten Vorgehen die Zeitspanne von einem Schritt zum anderen vielleicht beeinflussen, bestenfalls sogar verkürzen, nicht aber bestimmen.

Ich achte speziell darauf, wie es die Vorderbeine positioniert, bis es sich hinlegt. Die meisten Pferde gehen zuerst auf die Knie, um sich hinzulegen. Doch es gibt auch solche, die gar nicht richtig ins Knien kommen, sondern aus dem Kompliment direkt ins Liegen gehen. Sie ziehen zwar das äußere Bein auch nach, kommen aber dabei nicht in eine richtige Knieposition.

Diese Beobachtungen können mir in einem schwierigen Moment eventuell nützlich sein.

Das Pferd wird wie für alle anderen Übungen mit den empfohlenen Dehnungsübungen und kurzem Longieren frisch gemacht. Es geht keinesfalls darum, das Pferd zuerst müde zu machen, damit es sich dann lieber hinlegt. Auch die Idee, mit dem Pferd zu arbeiten, bis es schwitzt und den Drang zum Wälzen zeigt, ist nicht gut. Das Erzeugen des Wälzdranges ist sogar kontraproduktiv, denn der gedankliche Impuls zum Wälzen ist ein ganz anderer als derjenige zum Hinlegen.

Ein körperlich und geistig fittes Pferd wird sich mit Bestimmtheit besser auf seine neue Aufgabe konzentrieren können.

Der Boden sollte auch für diese Übung *ohne spitze Gegenstände* sein. Im Gegensatz zum Erlernen des Komplimentes und des Kniens kann für das Liegen auch auf Holzschnitzeln gearbeitet werden, wenn sie nicht allzu spitze Teile enthalten. Denn auch wenn hin und wieder ein pieksendes Holzstück vorkommt, so lieben es doch die meisten Pferde, sich in die Schnitzel zu legen. Zudem ist das Niedergehen auf die Knie beim Hinlegen zu diesem Zeitpunkt bereits viel kontrollierter und

VORBEREITUNG

Habe ich mich entschieden, meinem Pferd das Abliegen beizubringen, *beobachte* ich auf der Weide, wie es sich zum Wälzen hinlegt.

bewusster als beim Erlernen des Kniens und des Komplimentes und dadurch wird das Pferd nicht so schnell verunsichert, wenn es sich einmal auf einem etwas unangenehmen Holzstück abstützt.

Ein anderes, sehr wichtiges Kriterium ist hingegen, dass der Trainingsplatz zum Hinlegen *trocken* sein muss. Es gibt zwar Pferde, die sich gern im schlammigen und nassen Untergrund wälzen. Aber ich habe noch kein Pferd gesehen, das auf nassem Boden freiwillig liegen bleibt.

Alle bis jetzt besprochenen Übungen soll das Pferd bestens beherrschen. Beim Kompliment wie beim Knien sind Versuche des Pferdes, ohne Aufforderung des Trainers aufzustehen, hoffentlich zur Seltenheit geworden. Das Pferd muss über die Balance verfügen, in diesen Stellungen einige Zeit auszuharren.

Bei dieser neuen Übung verwende ich *zwei neue Wortsignale*. Um das Pferd zu bewegen, sich vom Stehen ins Flachliegen hinunterzulassen, gebrauche ich das Kommando „Down". Anfänglich werden sich aber viele Pferde nur bis ins Aufrechtliegen begeben und das ist auch gut so. Ich werde nicht von Anfang an das Flachliegen fordern, denn das Vertrauen dazu muss erst langsam aufgebaut werden. Trotzdem arbeite ich mit dem Signal „Down", bis das Pferd gelernt hat, flach zu liegen.

Das zweite Signalwort heißt „Lig", das schweizerdeutsche Wort für Liegen. Dies verwende ich, wenn ich das Pferd vom Flachliegen ins Aufrechtliegen dirigiere.

Die Hilfsmittel sind die gleichen wie beim Knien, auch die Beinlonge liegt bereit. Es empfiehlt sich, von Anfang an eine Hilfsperson dabei zu haben, und sei es nur, um Beobachtungen auszutauschen.

AUFBAU

Das Pferd ist mit *Stallhalfter oder Zaumzeug sowie mit Zügeln* ausgestattet. Ich stelle mich *auf Höhe des Widerrists* mit Blick nach vorn *parallel* neben das Pferd, nehme die Zügel in die *innere rechte Hand* (wie schon erwähnt, beschreibe ich alle Übungen von links) und *lasse das Pferd einige Male Hals und Kopf nach rechts (außen) biegen*. Das Wortkommando „Down" begleitet bereits diese Bewegung. Dies wiederhole ich so lange, bis das Pferd mein Signal mit feinsten Hilfen verstanden hat.

Diese Einstimmung ist wichtig, denn durch das Biegen des Halses imitieren wir einen Teil des Bewegungsablaufes zum Hinlegen. Das Pferd wird später, nachdem es Vorder- und Hinterbeine zusammengestellt hat, erst vorne niedergehen, sich auf die Knie stützen, um sich dann hinten zu beugen, und sich auf die Außenseite des Rippenbogens zu legen.

Als Nächstes verlange ich deshalb, ohne meine Position zu ändern, *zuerst das Kompliment und dann das Knien*. Hat das Pferd die von mir gewünschte Haltung erreicht, helfe ich ihm mittels Zügel, *seinen Hals nach außen zu biegen*. Zuerst soll es das einmal tun und die

Das Biegen des Kopfes zur Seite ist die erste Vorübung zum Hinlegen.

darauf folgenden Male mehrmals, bevor ich es wieder zum *Aufstehen* einlade. Selbstverständlich müssen alle Teilschritte sofort belohnt werden, eventuell mit einem Belohnungswürfel.

Für die nächste Übung, die *Bergziege,* stelle ich mich auf gleiche Höhe, aber *rechtwinklig* zum Pferd. *Die Gerte halte ich in der rechten Hand.* Nun fordere ich das Pferd zur Bergziege auf und drehe mich, sobald es diese Position einnimmt, wieder parallel zum Pferd. Anschließend mache ich mit dem Pferd die bereits bekannten *Halsbiegungen.*

Da ich nicht immer in derselben Position stehe, wie ich dies dem Pferd ursprünglich beigebracht habe, ist es für das Hinlegen unumgänglich, dass die vorgängigen Übungen bestens sitzen. Nur dann wird sich das Pferd wegen meiner veränderten Position nicht gleich aus dem Konzept bringen lassen.

In einem weiteren Schritt lasse ich das Pferd zuerst den Hals biegen und dann in dieser Stellung das *Kompliment* und das *Knien* ausführen. Das Wortsignal *„Down"* begleitet diese Vorübungen. Fährt ein Pferd von sich aus in der Bewegung zum Hinlegen fort, lasse ich es gewähren und belohne es, sobald es unten angekommen ist. Dies ist ein großer Unterschied zu anderen Situationen, wo das Pferd am selbständigen Weitermachen gehindert werden muss.

Zu den Vorübungen gehört das Kopfbiegen im Kompliment, ...

> Zu diesem Zeitpunkt kennt das Pferd alle einzelnen Hilfestellungen, die es zum Hinlegen auffordern.

Geht das Pferd nun in gebogener Haltung über das Kompliment oder direkt auf die Knie und bleibt es abwartend unten, wechsle ich meine Position. Ich stelle mich nun *rechtwinklig* zum Pferd und achte darauf, dass ich das Pferd *auf keinen Fall berühre,* damit es nicht das Gefühl bekommt, durch meinen Körper in der Bewegung begrenzt zu sein. Ich nehme nun den *Zügel in die linke Hand* und die *Gerte in die rechte.* Dann *touchiere* ich es mit der Gerte im unteren Bereich der Rippen. Gleichzeitig *stelle ich mit den Zügeln einen leichten Zug seitwärts-abwärts her,* um dem Pferd den Weg ins Hinlegen zu zeigen. Das *Wortkommando* begleitet die Übung weiterhin. Mit der Hand an den Zügeln versuche ich abwechslungsweise einen

... im Knien ...

... und in der Bergziege.

gewissen *Zug aufrechtzuerhalten* und leichte *Wippbewegungen* zu machen. Akzeptiert das Pferd dies, lasse ich *es aufstehen und lobe es,* auch wenn es sich noch nicht hingelegt hat. Ich wiederhole den Vorgang so lange, bis das Pferd sich von *selber entscheidet* abzuliegen.

Verharrt das Pferd jedoch trotz aller Geduld und Wiederholungen verkrampft in der Kniestellung, erinnere ich mich an meine Beobachtungen auf der Weide. Vielleicht geht das Pferd von sich aus, zum Beispiel wenn es sich wälzen will, direkt aus dem Kompliment zu Boden und lässt sich deshalb auf diese Weise besser den Weg zum Hinlegen zeigen.

> Es lohnt sich, für die Vorbereitungen zum Hinlegen beide Varianten zu testen, um den für das Pferd verständlichsten Weg zu finden. Und es ist wichtig, dem Pferd genügend Zeit zu geben, so dass es sich aus freien Stücken hinlegen kann.

Wenn das Pferd allerdings trotz dieses sorgfältigen Aufbaus nicht versteht, was der Trainer von ihm will, und vor lauter Unsicherheit aus dem Knien immer wieder aufspringt, ist es ratsam, die Hilfestellungen zu erweitern. Bei der Ausbildung der ersten Pferde liegt es nämlich oft an der Unerfahrenheit des Trainers und am unsicheren Gebrauch der Gerte, dass es nicht klappt. Beginnen die Schwierigkeiten also beim seitlichen Abwärtszeigen durch den Zügel, lohnt es sich nicht, so lange zu probieren, bis das Pferd total verwirrt ist, sondern nun kommen Hilfsperson und Beinlonge zum Einsatz.

Schlage ich also den *zweiten* *Weg* ein, bereite ich das Pferd mit der *Beinlonge* so vor, wie ich es bereits vom Kompliment her kenne. Meine Aufgabe ist es wiederum, die Beinlonge und die Zügel zu führen sowie die Stimmkommandos zu geben. Die Hilfsperson übernimmt die Gertensignale und, falls vom Trainer gewünscht, den Belohnungswürfel. *In gemeinsamem Zusammenspiel führen wir das Pferd mit gebogenem Hals auf die Knie.* Ist das Pferd unten angelangt, wechseln beide die Position. Ich stelle mich im rechten Winkel zum Pferd und versichere mich, dass ich es mit meinem Körper nicht berühre. Die Hilfsperson begibt sich auf meine rechte Seite, so dass sie den unteren Teil des leicht gebogenen Rumpfes antippen kann. Diese Veränderung muss ruhig und fließend durchgeführt werden. Ich beginne nun den *Zug an den Zügeln,* seitlich abwärts, leicht zu verstärken. Immer wieder deute ich leichte Wippbewegungen an und versuche dann, den etwas erhöhten Zug für kurze Zeit zu halten. Die Hilfsperson touchiert das Pferd am Rippenbogen in gleichmäßigem Rhythmus.

Sobald ich sicher bin, dass es sich hinlegen will, lasse ich die Beinlonge locker. Versucht es wieder aufzustehen, habe ich die Möglichkeit, es damit zu begleiten. Ich kann es schneller *wieder in die gewünschte Ausgangsposition zurückführen und somit zu genauerem Hinhören auffordern.* Die Hilfsperson muss dabei blitzschnell reagieren; je nach Situation muss sie um mich herum zirkulieren, um die nötigen Signale zu geben.

Wie immer müssen auch hier die *kleinsten Schritte* belohnt werden. Bleibt das Pferd dank

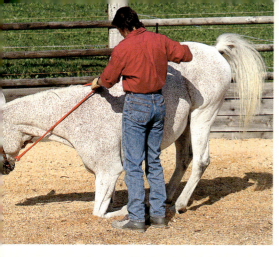

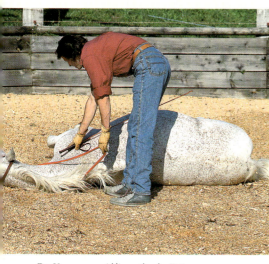

Der Vorgang zum Abliegen über das Knien.   *Der Vorgang zum Abliegen über das Kompliment.*

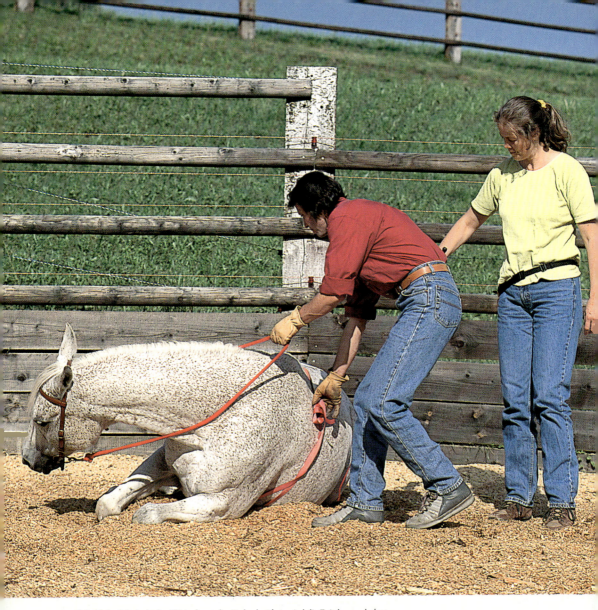

Sobald das Pferd mit dem Rippenbogen den Boden berührt, wird die Beinlonge gelockert.

der Beinlonge unten und hält den Druck und die Wippbewegungen auch nur für kurze Zeit aus, folgt unmittelbar die Belohnung. Setzt es zum Aufstehen an und lässt sich mit feinsten Hilfengebungen wieder in die Ausgangsposition zurückholen, ist dies ebenfalls bereits eine Belohnung wert.

Ist das Pferd dann mit der Beinlonge so weit, dass es unten bleibt und auf die Signale der Zügel hört, muss ich ihm einfach Zeit lassen, bis es sich zum Abliegen entscheidet.

Ich möchte nochmals darauf hinweisen, dass sich ein liegendes Pferd voll und ganz dem Trainer anvertraut. Vielleicht hat es seine Aufforderung schon längst verstanden, tut sich aber noch schwer mit dem Entscheid, die eigene Fluchtmöglichkeit aufzugeben. Dies hat der Trainer zu respektieren und ihm wirklich Zeit zu gewähren, bis es diese enorme Hürde überwunden hat. Zwei oder drei Durchgänge pro Übungseinheit reichen vollkommen aus, egal ob sie näher zum Ziel geführt haben oder nicht. Das Wichtigste ist, dass der Trainer das Pferd immer wieder abfragt und damit überprüft, ob es bereit ist, den nächsten Schritt zu tun.

> Ist der Aufbau korrekt gelaufen, gründet er also auf einer guten Vertrauensbasis ohne Zwang zum Erfolg, wird sich das Pferd früher oder später entscheiden, dem Wunsch des Trainers nachzukommen.

Ich selber bevorzuge Pferde, bei denen es etwas länger dauert, bis sie sich zum Hinlegen durchgerungen haben. Diese Pferde sind nämlich in der Regel dann verlässlicher, wenn es ums Untenbleiben geht. Pferde hingegen, die ohne weiteres abliegen, dies also fast selbständig tun, stehen auch oft ohne auf ein Kommando zu warten wieder auf.

Hat sich das Pferd einmal hingelegt, fahre ich bei beiden Varianten, ob mit oder ohne Beinlonge, gleich fort. Ich behalte den leichten Zug an den Zügeln bei, so dass das Pferd die gebogene Haltung auch noch am Boden beibehält. So belohne ich es reichlich mit Belohnungswürfeln oder lasse dies von der Hilfsperson ausführen. Anfänglich erfolgt die *Belohnung* nie in kniender Haltung, sondern immer stehend aus derselben Position, in der ich das Pferd zum Abliegen aufgefordert habe. Es muss dann seinen Kopf zu mir drehen und blockiert dadurch den Bewegungsablauf zum Aufstehen. Um aufzustehen, muss das Pferd nämlich seinen Hals und seinen Kopf nach vorne oben heben. Nur so kann es die Vorderbeine nach vorne nehmen, um sich in der Aufwärtsbewegung abzustützen. Mit gebogenem Hals würde die Gefahr bestehen, dass es das Gleichgewicht verliert, was es am Aufstehen hindert. Die Belohnung aus stehender Position dient auch der eigenen Sicherheit. Schnellt ein Pferd aus unerklärlichen Gründen auf, kann ich mich mit einem Schritt blitzschnell rückwärts aus der Gefahrenzone begeben.

Will das Pferd plötzlich aufspringen, halte ich es am Anfang nicht zurück. Ich lasse die Zügel los, versuche einen Schritt vor seine Bewegung zu kommen und setze das Wortkommando „Auf" ein. Das Pferd soll meinen, dass ich ihm den Befehl zum Aufstehen gegeben habe. Allerdings erhält es nun keine Belohnung.

Bleibt es von sich aus liegen, lasse ich es nach einer Weile wieder aufstehen, damit es von Anfang an lernt, dass auch das *Aufstehen von mir bestimmt* wird. Könnte es einfach gemütlich unten bleiben und irgendwann aus eigener Entscheidung aufstehen, würde es länger dauern, bis es meinen diesbezüglichen Befehl akzeptiert. Also lasse ich mir auch bei einem willigen Pferd meinen Vorteil nicht nehmen und fordere es nach einiger Zeit mit

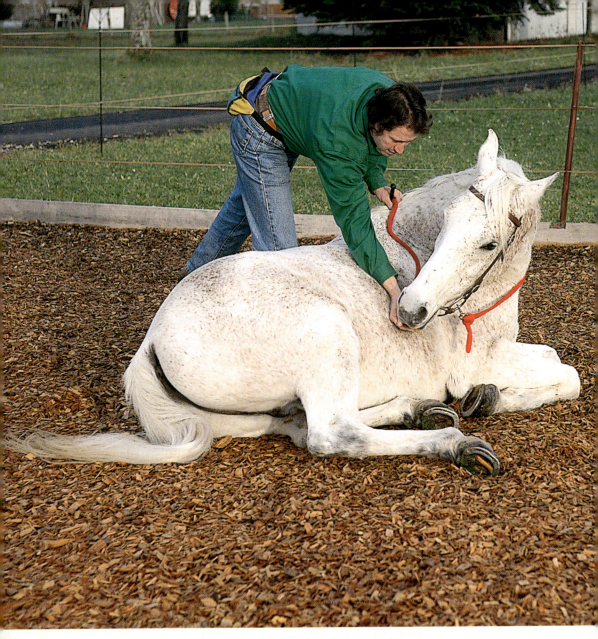

Beim Liegen erhält das Pferd die Belohnung mit immer noch nach hinten gebogenem Hals.

dem *Nachgeben der Zügel,* einem *Schritt* nach vorne und einem bestimmten *„Auf"* zum Aufstehen auf. Diesmal *lobe* ich das Pferd angemessen.

Anfänglich werden sich die meisten Pferde, dem natürlichen Bewegungsablauf entsprechend, ins Aufrechtliegen niederlassen. In dieser Stellung müssen sie noch nicht sämtliche Übersicht aufgeben. Pferde, die direkt ins Flachliegen gehen, verwechseln das Liegen oft mit Wälzen, was für den Trainer wesentlich schwieriger zu handhaben ist. Diesen Vorgang muss er sofort unterbrechen und die Aufmerksamkeit des Pferdes zurückholen, indem er es mit der Gerte an der Schulter antippt und das Wortkommando „Nein" mit Nachdruck einsetzt. Mit dem Zügel kann er versuchen, den Kopf des Pferdes etwas mehr zu sich zu drehen, um das Wälzen zu beenden. Will das Pferd trotzdem damit fortfahren, lässt er alles los und fordert es bestimmt zum Aufstehen auf. Reagiert es immer noch nicht, unterstreicht er seine Bestimmtheit durch einen Klaps mit der Gerte auf die Kruppe.

Wenn das Pferd dann wieder ruhig steht, wiederholt der Trainer die Übung mit demselben Wohlwollen wie immer. Bleibt das Pferd beim nächsten Versuch nun liegen, fordert er es nach kurzer Zeit zum Aufstehen auf, bevor es wieder auf den Gedanken kommt sich zu wälzen. Der Trainer lässt die Zügel jedoch nicht sofort los, sondern behält sie noch in der Hand, denn oft missverstehen Pferde das Aufstehsignal und wollen sich wieder wälzen. Mit den Zügeln in der Hand kann der Trainer das besser stoppen.

> Ein Pferd, das von Anfang an ins Flachliegen geht und dabei ruhig liegen bleibt, sich also nicht wälzt, lasse ich gewähren. Ich belohne es und lasse es nach angemessener Zeit wieder aufstehen. Es hat ein enormes Ausmaß an Vertrauen bewiesen, Grund genug, stolz zu sein und dem Pferd *Anerkennung* und Respekt zu zeigen.

Nun wird die Abwärtsbewegung durch *Wiederholungen* gefestigt. Sobald ich spüre, dass die Bewegung fließend ist, also alle Zeichen vom Pferd verstanden worden sind, versuche ich die Beinlonge wegzulassen, sofern ich mit ihr gearbeitet habe. Das Pferd wird jetzt nicht mehr in der Knieposition verharren und auf das nächste Signal warten, sondern in der Abwärtsbewegung das Knien nur noch andeuten, bevor es sich zu Boden gleiten lässt.

Das nächste Ziel besteht darin, die Phase des *Untenbleibens zu verlängern.* Hat sich das Pferd hingelegt, egal ob aufrecht oder flach, belohne ich es wie üblich. Dabei gebe ich ihm den Belohnungswürfel so, dass es den Kopf zu mir drehen muss und sich selber dadurch am Aufstehen hindert. Mit dem Zügel halte ich nun den Kopf für einen kurzen Moment in dieser Position fest. Dann löse ich den Zug mit den Zügeln langsam, so dass das Pferd den Kopf nach vorne oder flach auf den Boden nehmen kann. Setzt es nun zum Aufstehen an, nehme ich seinen Kopf mit den Zügeln wieder zu mir und hindere es so am Aufstehen. Sobald das Pferd seine Aufwärtsbewegung unterbricht, lobe ich es. Lässt es sich jedoch durch meine Aufforderung nicht umstimmen und springt trotzdem auf, behalte ich seinen Kopf beim nächsten Mal etwas länger hinten, bevor ich ihn wieder nach vorne lasse. Wenn das Pferd in diesem Moment sofort wieder aufstehen will, nehme ich seinen Kopf mit noch etwas mehr Nachdruck nach hinten als das erste Mal, um die Aufwärtsbewegung zu stoppen. Dies braucht viel *Timing und Feeling* und es ist vielleicht notwendig, sich dabei von einem Ausbilder begleiten zu lassen.

Kommt das Pferd meinen Aufforderungen nach, lasse ich es in jeder Trainingseinheit ein wenig länger unten bleiben. Es ist unbedingt

Um das Pferd vom Aufrechtliegen zum Flachliegen zu bewegen, tippe ich es mit der Gerte am Rippenbogen an.

erforderlich, dass ich ihm *das Kommando zum Aufstehen in einem entspannten Moment* gebe, vor allem dann, wenn ich das Pferd immer wieder auffordern muss, unten zu bleiben. Die Zeitdauer des Untenbleibens richtet sich danach, wie gut das Pferd darauf hört, wann das Kommando zum Aufstehen kommt.

Ebenfalls in dieser Phase beginne ich die *Zeichengebung* bestimmter zu definieren. Ich fordere das Pferd nicht mehr zum Knien und dann mit Antippen des Rumpfes zum Abliegen auf, sondern touchiere von Anfang an nur den Rumpf des Pferdes, um es zum Hinlegen aufzufordern. Wenn das zu Beginn noch nicht klappt, starte ich mit Antippen am Rumpf und unterstütze das Pferd zwischendurch mit Kniesignalen, bis es nur noch auf die Signale am Rumpf reagiert.

> Im Weiteren geht es nun darum, dem Pferd beide Liegepositionen beizubringen und sie *nach Wunsch abrufen* zu können.

Da die meisten Pferde zuerst im Aufrechtliegen bleiben, beschreibe ich als Erstes den Weg zum *Flachliegen*. Liegt das Pferd ruhig aufrecht, mache ich mit denselben Signalen wie beim Knien weiter. Ich biege mit Hilfe der *Zügel* den Hals des Pferdes, verstärke den Zug ein wenig und führe die Zügel seitlich abwärts. Dabei wechsle ich ständig zwischen dem Aufrechterhalten eines bestimmten Zuges und leichtem Wippen. Mit der Gerte tippe ich das Pferd wieder gleichzeitig am Rippenbogen an und das Wortkommando begleitet meine Handlungen.

Auch hier muss es nicht beim ersten Mal klappen, ich bin schon zufrieden, wenn das Pferd alles anstandslos akzeptiert und nicht in die Gegenrichtung, das heißt nach oben geht. Ich halte mich ein wenig vom Pferd entfernt, so dass ich ihm den Weg ins Flachliegen nicht erschwere. Dies dient auch meiner eigenen Sicherheit, denn wenn das Pferd sich plötzlich fallen lässt, könnte es zum Beispiel für die Schienbeine unangenehme Folgen haben.

Dieser Schritt ist in der Regel nicht mehr schwierig. Doch lassen Sie dem Pferd genügend Zeit! Das Flachliegen nimmt dem Pferd die letzte Fluchtmöglichkeit und es liefert sich uns damit vollkommen aus.

Viele Trainer knien dem Pferd auf den Hals, um es im Flachliegen zu halten. Ich bin der Ansicht, dass dies, wenn überhaupt, nur erfahrene Ausbilder praktizieren sollten. Erstens braucht es viel Erfahrung und das daraus entstandene Feingefühl, um sicherzustellen, dass das Pferd trotz dieser Einengung sein Vertrauen zum Menschen nicht verliert. Zweitens darf das Tier auf keinen Fall um jeden Preis unten gehalten werden, denn es kann, wenn es in Panik gerät, enorme Kräfte entwickeln. Nur ein erfahrener Ausbilder kann diese Reaktion voraussehen und verhindern, dass er weggeschleudert wird.

Aus dem Flachliegen führe ich das Pferd nun ins *Aufrechtliegen*. Es ist mir wichtig, dass es nicht direkt aufsteht, sondern in der Position des Aufrechtliegens verharrt, um das nächste Kommando abzuwarten. Damit befindet es sich nämlich in einer Schlüsselposition, aus der es sowohl aufstehen als auch ins Sitzen übergehen kann.

Liegt das Pferd flach, *begleite ich es mit dem Zügel und einem Belohnungswürfel* nach oben, in die aufrechte Position. Dabei achte ich darauf, dass es den Kopf in die Richtung der gebogenen Innenseite des Rumpfes dreht. Gleichzeitig *verändere ich mein Wortkommando zu „Lig"*. Wenn das Pferd aufrecht ist, gebe ich ihm den Belohnungswürfels möglichst nahe am Rumpf. Dies verhindert, dass es aufsteht. Anerkennendes Lob und wohlwollendes Streicheln werden den Belohnungswürfel bald ersetzen.

Gehört das Pferd zu denjenigen, die direkt ins Flachliegen gehen, so ist die nächste Aufgabe, ihm das Aufrechtliegen aus dem Stehen beizubringen. Ich stoppe es in der Abwärtsbewegung, indem ich ihm, kurz bevor sein Rumpf den Boden berührt, *Hals und Kopf mit dem Zügel gerade richte*. Anstatt das Pferd weiterhin mit der *Gerte* anzutippen, lasse ich sie einfach *mit etwas Druck an seinem Rumpf ruhen*. Dabei setze ich ein *Wortkommando* ein, das dem Pferd bereits vom täglichen Umgang her bekannt ist, wie etwa „Warte" oder „Stopp". Legt sich das Pferd trotzdem flach, so führe ich es sofort wieder ins Aufrechtliegen. Dies ist ein Ablauf, den es bereits kennt. Am Anfang setze ich das verbale Signal „Nein" nicht ein, um das Pferd nicht zu verwirren. Erst wenn es eine Ahnung hat, was ich von ihm in der Abwärtsbewegung will, mache ich mir dieses Kodewort zunutze.

> Die Abwärtsbewegung wird immer mit „Down" eingeleitet, erst kurz vor dem Liegen wechsle ich zum Befehl „Lig". Voraussetzung ist, dass das Wort „Lig" so gefestigt ist wie etwa die Wörter „Warte" oder „Stopp".

Es liegt natürlich ganz im Ermessen des Trainers, in welche Liegestellung er das Pferd bringen will. Ich lasse meine Pferde immer direkt ins Flachliegen gehen und baue aus dieser Position weitere gewünschte Übungen auf.

Wie in allen anderen Übungen geht es zum Schluss noch darum, dass sich das Pferd *ohne viele* Hilfsmittel in die gewünschte Situation begleiten lässt. Hat es die Hinlegeübung akzeptiert, wird es Hals und Kopf bereits bei der Aufforderung „Down" in die gewünschte Stellung bringen. Der Zügeleinsatz kann deshalb fortlaufend verringert werden. Wenn es beispielsweise zu früh aufstehen will, sich aber mit den Zügeln auf feinste Weise davon abhalten lässt, lege ich ihm gleichzeitig einen Moment lang meine Hand auf den Widerrist. Ein wenig später versuche ich, das Pferd nur mit etwas Druck auf den Widerrist am Aufstehen zu hindern. Falls nötig, nehme ich ein Büschel Mähne dazu. Dies mache ich so lange, bis die Zügel überflüssig werden. Um schließlich für eine seriöse Darbietung meine Hilfengebung noch mehr zu verfeinern und meine eigenen Bewegungen zu reduzieren, lege ich dem Pferd nur noch die Gerte auf den Hals und fordere es mit den gewohnten Stimmsignalen zum Liegenbleiben auf.

Wenn etwas plötzlich nicht mehr funktioniert, gehe ich wie üblich im Aufbau einen Schritt zurück.

Zwischen Zaumzeug und „gar nichts" gibt es außerdem noch einen kleinen Trick, der sich auch eignet, wenn man eine längere Pause gemacht hat: Der Trainer nimmt sich einen *Halsring* zu Hilfe. Dieser sollte nicht fest, sondern beweglich sein. Eine einfache Anfertigung aus Leder oder ein Baumwollstrick reicht vollkommen aus. Damit können alle Übungen gefestigt und Missverständnisse verhindert werden. So lässt sich mancher Ärger über misslungene Übungen glücklicherweise vermeiden. Die daraus entstehenden Fehlreaktionen des Trainers würden das hier unbedingt nötige Vertrauensverhältnis nämlich enorm stören.

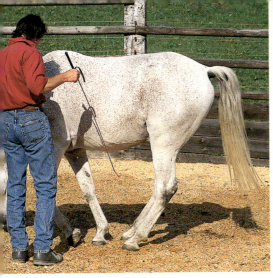

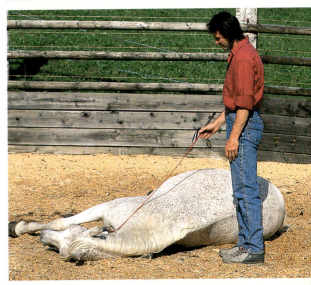

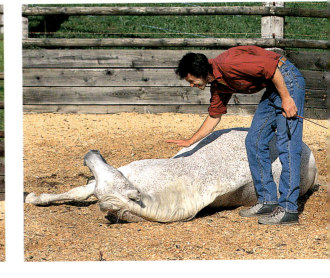

Der komplette Ablauf des Abliegens in voller Freiheit

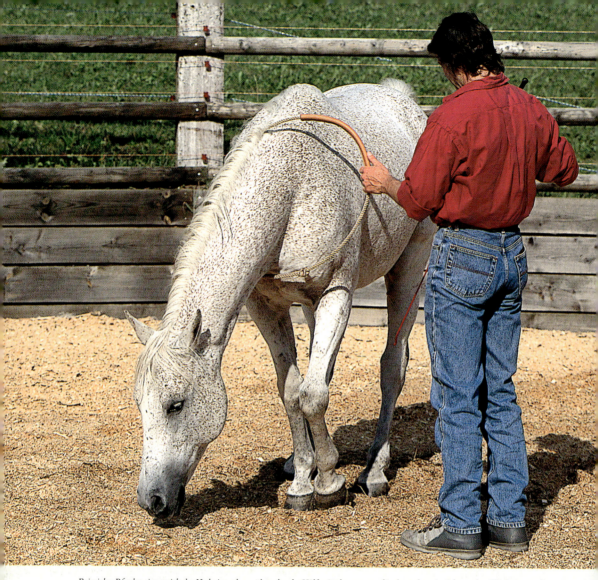

Bei vielen Pferden eignet sich der Halsring als vorübergehendes Hilfsmittel, um zu verhindern, dass sie sich vor dem Hinlegen um die eigene Achse drehen.

Beim Weglassen des Zaumzeugs schleicht sich oft ein kleiner, aber unschöner Fehler ein. Da das Pferd keine Begrenzung durch das Hilfsmittel mehr hat, beginnt es sich wie in der Natur vor dem Abliegen einige Schritte zu drehen. Dies ist bei einer Vorführung sehr ärgerlich, da das Pferd am Ende in irgendeiner, aber nicht in der vom Trainer gewünschten Richtung liegt. Um diesen Fehler zu korrigieren, empfiehlt sich ebenfalls für einige Zeit ein Halsring, mit dem der Trainer in feinster Weise die Drehbewegung verhindern kann.

Kann ich schließlich dem Pferd das Zaumzeug abnehmen und lässt es sich von mir vertrauensvoll zu einem korrekten Hinlegen führen, so habe ich wohl einen der schönsten Momente in der Freiheitsdressur erreicht!

Sitzen –
Ein Pferd präsentiert sich witzig

So sieht korrektes Sitzen aus. Foto: M. Loiero

GRUNDSÄTZLICHES

Das Sitzen ist die letzte Übung in diesem Freiheitsdressurprogramm. Ich finde das auch weitaus die witzigste Position, die das Pferd einnehmen kann. Sitzende Pferde haben meistens einen ganz speziellen, aufmerksamen und stolzen Ausdruck.

Das Sitzen gehört zum natürlichen Bewegungsablauf des Pferdes im Übergang vom Liegen zum Aufstehen. Natürlich kommt es dabei nicht in der gleichen Perfektion vor wie in der Freiheitsdressur, aber ansatzweise ist das Sitzen bei fast allen Pferden vorhanden. In seltenen Fällen, vorwiegend bei kleineren Rassen oder Ponys, sieht man ein Pferd sogar ganz von alleine in der sitzenden Position verharren.

Ein Pferd, das die Übung Sitzen perfekt gelernt hat, setzt sich aufrecht hin, die vorderen Beine stehen parallel und zwar genau zwischen den Hinterbeinen. Alle anderen Stellungen sind meines Erachtens zwar nicht falsch, sie sind aber lediglich Zwischenstadien, die einmal zum *korrekten Sitzen* führen werden.

Der Trainer muss sich, will er dem Pferd das Sitzen beibringen, einer Schwierigkeit bewusst sein:

> Oft beginnt das Tier wie gewünscht mit dem Bewegungsablauf zum Sitzen, um dann plötzlich kräftig ins Stehen aufzuspringen.

Die *Aufgabe* des Trainers ist es, diese plötzliche Kraftaktion zu *verhindern* oder umzuleiten, *ohne* gleichfalls Kraft oder *Gewalt* einzusetzen. Hält er im Moment des Hochspringen das gezäumte Pferd mit *Krafteinwirkung* an den Zügeln zurück, so fügt er ihm erhebliche *Schmerzen* zu. Ein solcher *Vertrauensmissbrauch* kann aber in der gesamten Aufbauarbeit einen beträchtlichen *Rückschritt* zur Folge haben und ist deshalb unbedingt zu vermeiden.

VORBEREITUNG

Die Bewegung vom Sitzen zum Stehen erfordert vom Pferd einen enormen Kraftaufwand. Deswegen ist in der Vorbereitung für die Übung Sitzen darauf zu achten, dass das Pferd gut gymnastiziert und aufgewärmt ist, damit es sich keine Verletzungen zuzieht.

Der optimale Übungsplatz darf nicht zu tief und zu beweglich sein, da das Pferd sonst beim Hochstemmen keinen Halt findet und rutscht, was in ihm eine große Unsicherheit und Unruhe auslöst. Außerdem darf das Material des Bodens nicht zu kantig sein. Viele Pferde drehen sich während des Hochstemmens bis zu 90 Grad, bis sie aufrecht sitzen. Wegen des enormen Gewichts auf dem Sprunggelenk während der Drehung können unangenehme Schürfungen hervorgerufen werden. Sandplätze mit gebrochenem Kies oder frische Holzschnitzel eignen sich deswegen nicht.

Es empfiehlt sich, während des Sitztrainings den *Schweif hochzubinden* oder zu verknoten. Wenn der Schweif unter dem Sprunggelenk zu liegen kommt, besteht beim Aufstehen die Gefahr, dass das Pferd sich büschelweise Haare ausreißt. Zu der unschönen Tatsache, dass sich der Schweif lichtet, kommt hinzu, dass sich das Pferd im Bewegungsablauf behindert und sich zusätzlich Schmerzen zufügt, was wir auf jeden Fall verhindern wollen.

Bei Vorführungen sieht es natürlich nicht schön aus, wenn der Schweif verknotet oder hochgebunden ist. In einem solchen Fall ist darauf zu achten, dass der Schweif vor dem Aufsitzen unter dem Sprunggelenk hervorgenommen und einmal gefaltet hinter das Pferd gelegt wird.

Auch beim Trainieren des Sitzens braucht es eine *Hilfsperson*. Das Pferd wird mit *Zaumzeug* und *Zügeln* ausgerüstet. Die Gerte und die Belohnungswürfel haben wir stets zur Hand, neu kommt ein *Futterbecken* mit etwas Futter drin hinzu. Das Wortkommando „Sitz" gehört ebenfalls zu den Neuerungen.

AUFBAU

Die *Schlüsselposition* für das Sitzen ist das *Aufrechtliegen*. Will das Pferd nämlich aus dieser Position aufstehen, streckt es zuerst die Vorderbeine, um sich hochzustemmen, und springt dann auf. Genau dieser erste Schritt ist das Ziel der ersten Trainingseinheit.

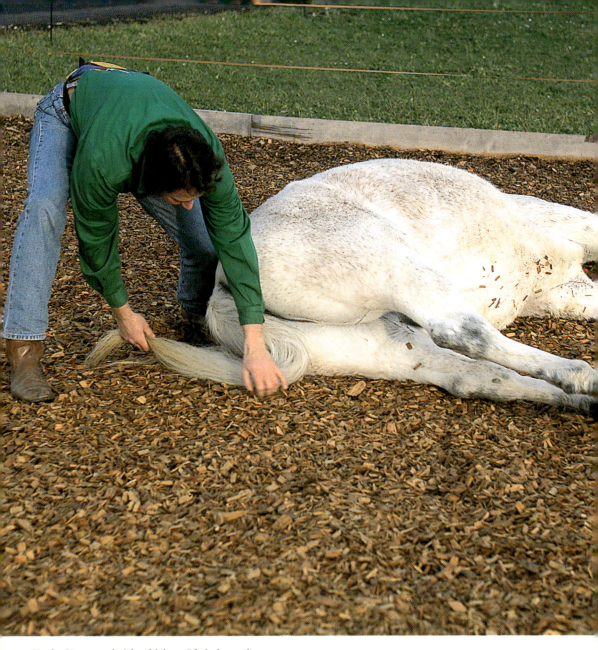

Vor dem Sitzen muss der Schweif dicht ans Pferd gelegt werden.

Ich stehe auf der Höhe des Widerristes und halte den *Hals des Pferdes leicht gebogen*. Aus dieser Position lasse ich das Pferd den *Kopf ganz langsam nach vorne nehmen, tippe mit der Gerte seitlich an die Schulter* und unterstütze das Ganze mit dem Wortkommando „*Sitz*". Während das Pferd den Kopf nach vorne nimmt, behalte ich immer *leichten Kontakt mit dem Pferdemaul*. Wenn ich das Pferd zurückhalten muss, soll der Zug am Zügel ganz fein verstärkt werden können. Abruptes Ziehen wird von jedem Pferd

Am Anfang muss das Pferd in der Lage sein, mit nach vorne gestreckten Beinen zu verharren.

missverstanden und meist mit einer abwehrenden Gegenreaktion quittiert. Das entspricht nicht meiner Vorstellung von Kommunikation!

Beginnt das Pferd nun die Vorderbeine zu strecken, zeige ich ihm durch leichte Erhöhung des Zügelzuges und mit beruhigender Stimme, dass es sich an meinen Befehlen orientieren und nicht einfach hochspringen soll. Sobald die Beine gestreckt sind, nehme ich ihm den *Kopf wieder nach hinten* und verhindere so, dass das Pferd aufstehen kann. Natürlich darf das *Lob* nicht ausbleiben. Verharrt das Pferd einige Zeit in dieser Stellung, lasse ich es mit leichtem Antippen am Rippenbogen und dem Kommando „*Down*" ins Flachliegen zurück gehen.

> Klappt alles wie geplant, wiederhole ich das Ganze noch einmal: Aufrechtliegen, Strecken der Beine, Flachliegen, Aufrechtliegen, Aufstehen.

Hat das Pferd die Übung zwar gemacht, dabei aber sehr verunsichert gewirkt, wiederhole ich sie nicht ein zweites Mal. Ich lasse das Pferd nach dem ersten Strecken der Beine wieder ins Flachliegen und anschließend ins Aufrechtliegen gehen. Nach einem kurzen Verharren in dieser Position darf es auf mein Kommando hin aufspringen. Anfänglich versuche ich, das Pferd *immer aus der Position des Aufrechtliegens* zu entlassen und nicht aus der neu erarbeiteten Position.

> Springt das Pferd *panikartig* auf, versuche ich es *nicht* mit Gewalt *zurückzuhalten*, sondern lasse es aufstehen und beginne in aller Ruhe von neuem, bis es meine Signale versteht und sie willig akzeptiert.

Im nächsten Schritt beginne ich das Pferd zum langsamen *Aufrichten* zu begleiten. Nun hält sich die *Hilfsperson* mit dem gefüllten Futterbecken bereit. Aus dem Aufrechtliegen lasse ich das Pferd die Vorderbeine strecken und so eine kleine Weile verharren. Jetzt beginne ich mit leichtem Tippen an der Schulter, spürbarem Kontakt zum Pferdemaul, Anlegen des linken Zügels an den Hals und mit dem Wortkommando „Sitz", das Pferd zum Aufrichten zu bewegen. Die Hilfsperson versucht dabei, das Pferd mit Hilfe des Futterbeckens so zu locken, dass es den *Kopf nicht zu hoch* nimmt. Dadurch fällt es ihm schwerer aufzuspringen.

Stemmt sich das Pferd nun nach oben, versuche ich es *nach einigen Aufwärtsschritten zu stoppen*. Tut es dies, darf es in der erwünschten Position in aller Ruhe aus dem Becken fressen. Ich behalte den leichten Zug auf den Zügeln bei und führe das Pferd, sobald es einige Bissen erhalten hat, ins *Flachliegen zurück*. Die Hilfsperson begleitet auch die Abwärtsbewegung des Pferds mit dem Futterbecken, lässt es aber unten nicht daraus fressen. Bleibt das Pferd die ganze Zeit ruhig, wiederhole ich das Ganze noch einmal.

> Wie bei allen anderen Übungen entscheidet auch hier das Pferd, wann es so weit ist, dass es meine Signale verstanden hat und sie auch umsetzen kann.

Wenn das Pferd beim Hochstemmen unruhig wird, nehme ich es nicht mehr ins Flachliegen zurück. Ich lasse es nur für einen kurzen Moment verharren, lobe es ausgiebig – unterstützt von einem Belohnungswürfel der Hilfsperson – und lasse es aus dieser Position mit dem Wortkommando „Auf" aufstehen. Erneutes Lob beendet diese Übung schon nach dem ersten Versuch. Erst in der nächsten Übungssequenz

Mit Leckerbissen ...

... wird das Pferd von der liegenden ...

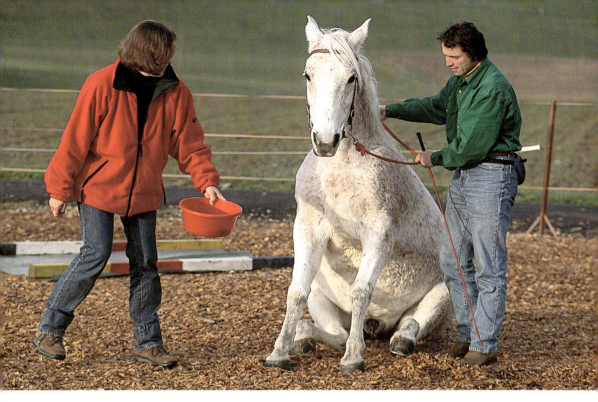

... in die sitzende Position gelockt ...

... und schließlich belohnt.

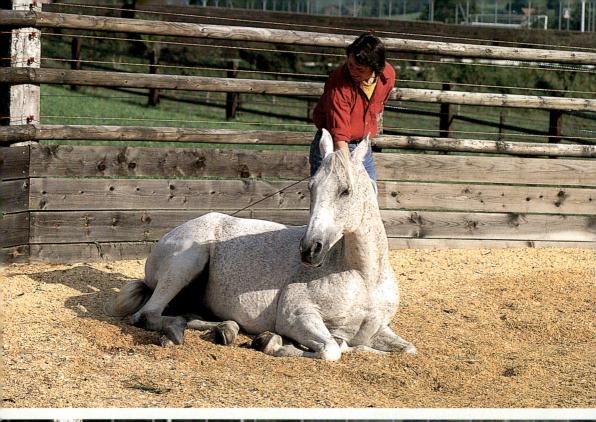
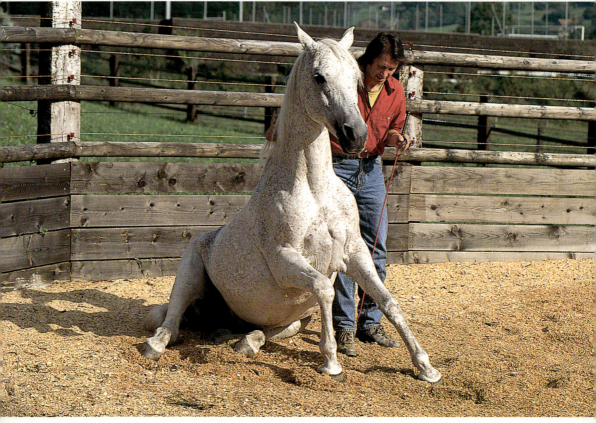

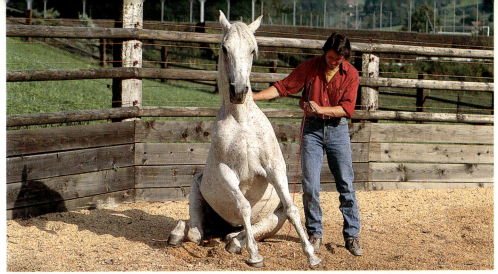

Der Vorgang des Sitzens in völliger Freiheit

nehmen wir den Aufbau noch einmal in Angriff.

Springt es hingegen im Verlaufe des Übens auf, beginne ich in aller Ruhe von vorn.

Bei Pferden, die nur sehr widerwillig ins Flachliegen zurückkommen, lasse ich diesen Schritt einfach aus. Gelingt es mir aber, diesen Zusatz einzubauen, erreiche ich damit schneller, dass das Pferd beim Sitzen zuverlässig auf mein Kommando zum Aufstehen wartet.

Das Pferd hat nun zu meiner Zufriedenheit gelernt, einige Schritte nach oben zu tun und anstandslos wieder ins Flachliegen zu gehen. Jetzt baue ich die Aufrichtung weiter aus und lasse das Pferd *sich ganz nach oben stemmen*. Dabei versuche ich ihm *mit Hilfe der Zügel* zu zeigen, dass es in der Aufwärtsbewegung *mit den Vorderbeinen seitlich zwischen seine Hinterbeine treten soll*. Der linke Zügel bleibt dazu am Hals, mit dem rechten öffne ich dem Pferd gewissermassen den Weg, indem ich ihn vom Hals löse. (Wie immer erkläre ich die Übung von der linken Seite.) Mit leichtem *Touchieren der Schulter* kann ich diesen Bewegungsablauf unterstützen.

Hat das Futterbecken seine Aufgabe zwei- oder dreimal erfüllt, wird es durch einen Belohnungswürfel ersetzt, der dann die Lockfunktion übernimmt. Verhindert das Futterbecken schon zu Beginn jegliche Konzentration des Pferdes, lasse ich dieses Hilfsmittel sofort verschwinden. Die Hilfsperson arbeitet dann von Anfang an mit einem Belohnungswürfel.

In dieser erweiterten Phase erlaube ich dem Pferd nach einer kurzen Bewegungspause, in der es für das bisher Geleistete belohnt wird, aus dieser Position *aufzustehen*. Ich lasse alles los und mache wie gewohnt *einen Schritt nach vorne*, kombiniert mit dem Wortkommando „*Auf*". Diese Sequenz übe ich so lange, bis die Vorderbeine des Pferdes im Sitzen parallel zwischen den Hinterbeinen stehen.

Es gibt Pferde und vor allem auch Ponys, die direkt in ein – vielleicht noch nicht ganz korrektes - Sitzen gehen und abwartend in dieser Position bleiben. Solche Pferde hole ich ebenfalls nicht wieder ins Liegen zurück, sondern danke ihnen für ihre gute Zusammenarbeit und gehe – ohne Zwischenschritte – sofort daran, sie in die korrekte Position zu begleiten.

In der Zwischenzeit werden die *Hilfen immer feiner* und langsam überflüssig. Während das Pferd immer selbständiger wird, nehme ich die Zügel, falls ich sie bis jetzt zweihändig geführt habe, nur noch in eine Hand, und sobald es sich nach dem Antippen der Schulter in Bewegung gesetzt hat, lege ich die Gerte ruhend auf seine Kruppe. Später lasse ich die Unterstützung mit der Gerte an der Schulter ganz weg, weil das Pferd dann die Bedeutung der auf der Kruppe liegenden Gerte kennt. Im nächsten Schritt tippe ich ihm während des Aufrichtens noch ganz leicht mit der Gerte auf die Kruppe und unterstütze es mit dem Wortkommando, bis es richtig sitzt.

Nun ist der Moment gekommen, auch das Zaumzeug wegzulassen. Tut sich das Pferd nun schwer, sich ohne Zügel zu orientieren, habe ich die Möglichkeit, als Übergang einen Halsring einzusetzen oder die Mähne zu Hilfe zu nehmen. Am Ende lege ich nur noch die

Gerte auf die Kruppe des Pferdes, unterstütze es mit dem Wortkommando und das Pferd geht selbständig ins Sitzen.

Unter Umständen muss ich dem Pferd noch eine Weile helfen, die korrekte Position zu finden, indem ich ihm beim Aufrichten mit der Gerte leicht an die Schulter tippe.

Das Sitzen ist eine Übung, die eigentlich nicht viel technische Schwierigkeiten bietet. Oft ist es so, dass ein Pferd sofort begreift, worum es geht. Manchmal jedoch hat eines enorme Mühe mit dieser Übung und dann ist unendliche Geduld gefragt. Weil die Hilfsmittel zur Begleitung des Pferdes begrenzt sind, werden subtiles Handeln und speziell gute Beobachtung noch wichtiger. Wie immer bestimmt das Pferd, wann der Zeitpunkt zur Vollendung gekommen ist.

Familie Gorgi mit Kindern.

Vorführungen –
Das Wie ist eine Überlegung wert

Ist es so weit, dass das Pferd alle einzelnen Übungen mit einer gewissen Zuverlässigkeit und Leichtigkeit ausführen kann, so eröffnet sich die Möglichkeit, meine Freude daran mit anderen Leuten zu teilen. Zudem motiviere ich vielleicht den einen oder anderen, seine Arbeitsweise mit dem eigenen Pferd zu überdenken, wenn er sieht, wie spielerisch mein Pferd diese zirzensischen Lektionen ausführt.

Was auch immer der Grund dafür sein mag, dass ich eine kleine Vorführung machen möchte, es lohnt sich, vorher einige grundsätzliche Überlegungen anzustellen:

- Was will ich zeigen?
- Wie will ich es zeigen?
- In welcher Rolle will ich es zeigen?
- Womit will ich es zeigen?

Das *„Was"* entscheidet über die Übungen, die ich in meiner Vorführung präsentiere. Es macht keinen Sinn, möglichst viele Lektionen

Bernt Otto – Omphas Indianer aus Cottbus.

Das Outfit verrät etwas über die Person sowie über die Vorführung.

aneinander zu reihen. Viel besser ist es, einige gezielt auszuwählen und raffiniert zu kombinieren.

Das *„Wie"* steht in direkter Verbindung mit dem *„Was"*. Habe ich mich erst einmal für die Übungen entschieden, überlege ich mir nun, in welchen Ablauf ich sie bringe oder in was für eine Geschichte ich sie einflechte. Zeige ich alles vom Boden aus oder reite ich in meiner Show?

Diese Frage steht nun wieder im Zusammenhang mit der *„Rolle"*, in welcher ich das Ganze vorführe. Welche Figur spiele ich? Bin ich ein Cowboy, ein Kellner, ein Zirkusartist oder ein Pferdebeschwörer? Je nach Antwort bekommt die Vorstellung einen anderen Charakter.

Dieser wiederum bestimmt, *„womit"* ich meine Geschichte zeige. Brauche ich Gegenstände wie zum Beispiel einen Bistrotisch? Untermale ich alles mit Musik?

Alle diese Fragen sind einzeln zu erörtern und am Ende muss man prüfen, ob die Überlegungen übereinstimmen, so dass daraus ein harmonisches Ganzes entsteht.

Es lohnt sich, während der Proben andere Personen als Beobachter beizuziehen, oder sich wenigstens einmal vor der ersten Vorführung von jemandem begutachten zu lassen. Sich selber mit den Augen des Publikums zu sehen, ist nämlich sehr schwierig, für das Gelingen aber äußerst wichtig. Es ist schade und die Enttäuschung ist groß, wenn die Zuschauer von einer Vorführung, hinter der enorme Arbeit steckt, nicht richtig begeistert sind. Leider ist es jedoch den wenigsten in den Schoß gelegt worden, sowohl im Umgang mit Pferden als auch mit schauspielerischen Leistungen zu brillieren. Der Beizug von wohlwollenden Kritikern kann deshalb helfen, eine Vorführung so zu gestalten, dass die erarbeiteten Freiheitsdressurübungen gut zur Geltung kommen.

Weiterführende Übungen –
Sie sind noch lange nicht am Ende

Gratuliere! Wenn Sie mit dem Pferd sämtliche beschriebenen zirzensischen Lektionen sorgfältig erarbeitet haben und es diese nun beherrscht, so haben Sie allen Grund, auf das Pferd, aber auch auf sich selber stolz zu sein.

Eine Pause würde jetzt beiden gut tun. Nichts Neues, nur lange entspannende Ausritte und die Festigung der einzelnen Übungen, könnten diese Pause füllen.

> Während der Festigung der Übungen ist es äußerst wichtig, bei jeder Wiederholung eine andere Reihenfolge zu wählen. Außerdem sollten nicht immer alle Übungen absolviert werden, sondern jedes Mal ein paar andere.

Natürlich sind Sie noch lange nicht am Ende aller Weisheiten angekommen.

Nach diesem Block von Übungen, die das Pferd zu Boden führen, gibt es noch weitere schöne Aufgaben, die in Angriff genommen werden können.

- Sie können das Pferd darauf vorbereiten, alle diese Übungen auch unter dem Reiter zu zeigen.
- Es gibt die Möglichkeit, dem Pferd das Sitzen direkt aus dem Stehen beizubringen.
- Spanischer Schritt und Steigen können das Showrepertoire erweitern.
- Die Verfeinerung aller Kommandos ist ein verfolgenswertes Ziel: Das Pferd kann lernen, auf ein minimales Zeichen hin, zum Beispiel ein Stimmsignal oder eine Geste, die Übungen durchzuführen.
- Reiterlichen Erweiterungen sowie Verfeinerungen sind keine Grenzen gesetzt.

Bei jedem weiterführenden Schritt muss der Trainer genau auf die Signale des Pferdes achten, damit keine Überforderung den guten Willen trübt. Ein Leben reicht nicht aus, um die Vollkommenheit zu erreichen ... Trotzdem, oder gerade deshalb, sollte man sich über jeden Entwicklungsschritt von Pferd und Trainer freuen können, und sei er noch so klein.

Zum Schluss –
Diese Grundsätze sollten Sie nie vergessen

Dieses Buch soll als Leitfaden für das Erlernen von Übungen der Freiheitsdressur dienen. Es ist dazu da, den Weg zu einem bestimmten Ziel zu skizzieren und dem Trainer, der diesen Weg nachvollziehen will, Halt und Sicherheit zu geben.

In einer Arbeit, in der Mensch und Pferd, zwei verschiedene Lebewesen, zwei Individuen miteinander kommunizieren, kann es vorkommen, dass dieser Weg für kurze Zeit verlassen werden muss. Sorgfältige Beobachtungen und sinnvolle Eigeninitiativen sind dann gefragt, um über einen Umweg wieder zum Leitfaden zurückzufinden.

Einige grundlegende Punkte müssen dabei immer berücksichtigt werden:

- Die Beschäftigung mit dem Pferd soll wie ein Spiel aussehen. Ist dies nicht der Fall, sind entweder die Spielregeln nicht bekannt oder sie werden nicht eingehalten.
- Tut das Pferd nicht, was von ihm erwartet wird, so hat der Trainer den Fehler immer bei sich zu suchen, nie beim Tier.
- Der Trainer will etwas vom Pferd, also ist es seine Aufgabe, Kommunikationsmittel zu finden, die es verstehen kann.
- Konsequentes und wohlwollendes Handeln ermöglicht es dem Pferd, zu verstehen, was der Trainer von ihm will. Dies gibt ihm Sicherheit.
- Hilfsmittel sind als Hilfen für das Pferd zu verstehen und einzusetzen. Die Hilfen sind nicht dazu da, dem Trainer mehr Kraft zu verleihen.
- Hilfsmittel sind wie Krücken: Sie können für kurze Zeit eine nützliche Sache sein, dürfen aber nicht mit Prothesen verwechselt werden.
- Eine Hilfsperson ist unerlässlich. Sie erhöht die Sicherheit, verringert die Fehlerquote und ersetzt dem Trainer die oft fehlende dritte oder vierte Hand.
- Die Bereitschaft zur Eigenkontrolle sowie Gespräche mit Gleichgesinnten und Ausbildern sind wichtige Voraussetzungen, um weiter zu kommen.
- Ist ein Ziel vorhanden, so lässt sich der Weg einfacher finden: Jedes seriöse Training braucht ein Fernziel, das in möglichst kleine Nahziele unterteilt ist.
- Während der ganzen Ausbildung bestimmt das Pferd, wann es für den nächsten Schritt bereit ist.
- Frei präsentiert sich das Pferd am schönsten.

Widmung

Wer mit Pferden arbeitet, braucht dafür viel Zeit. Wer außerdem ein Buch schreibt, findet neben diesen Hobbys kaum noch genug Zeit für anderes. *Sabrina,* unsere Tochter, musste mich deswegen oft entbehren. Da sie mich als Vater auch in der Familie mit den fünf Pflegekindern, die wir betreuen, teilt, möchte ich dieses Buch ganz speziell ihr widmen, um ihr damit zu sagen, dass ich sie sehr lieb habe!

Auch an mein Pferd *Aswan* möchte ich erinnern, der mir immer ein geduldiger Lehrmeister war, selbst wenn er viele Fehler von mir hat hinnehmen müssen. Er wurde dadurch zu einem unvergleichlichen Partner! Ich werde mir Mühe geben, das Wissen, das ich auf unserem gemeinsamen Weg erworben habe, ständig zu erweitern und zu überdenken, so dass auch andere Pferde davon profitieren dürfen.

Freiheitsdressur und Zirkuslektionen

Danksagung

Monika Dossenbach

Hans D. Dossenbach

Vielen Dank an *Monika und Hans Dossenbach*. Ohne die beiden wäre dieses Buch nie zustande gekommen. Sie waren der ständige Motor, der meiner Arbeit zum Aufleben und Weiterleben verholfen hat. Zudem stammen alle schönen Fotos aus ihren Kameras.

Vielen Dank an meine *Frau Yvonne,* welche die unendlich vielen Gefühlsschwankungen während der gesamten Entstehungszeit des Buches ausgehalten und aufgefangen hat.

Vielen Dank auch an unsere Pflegekinder, die es hinnehmen mussten, dass unsere kostbare Zeit verkürzt wurde.

Vielen Dank an *Lilian und Stefanie Meier* sowie an *Marion Landert*. Ohne sie wäre das Buch unleserlich geblieben. Lilian und Stefanie halfen mir beim Erstellen eines ansprechenden Inhaltsverzeichnisses und korrigierten den Text laufend. Marion redigierte am Ende alle Kapitel, damit das, was ich sagen will, auch wirklich deutlich zum Ausdruck kommt.

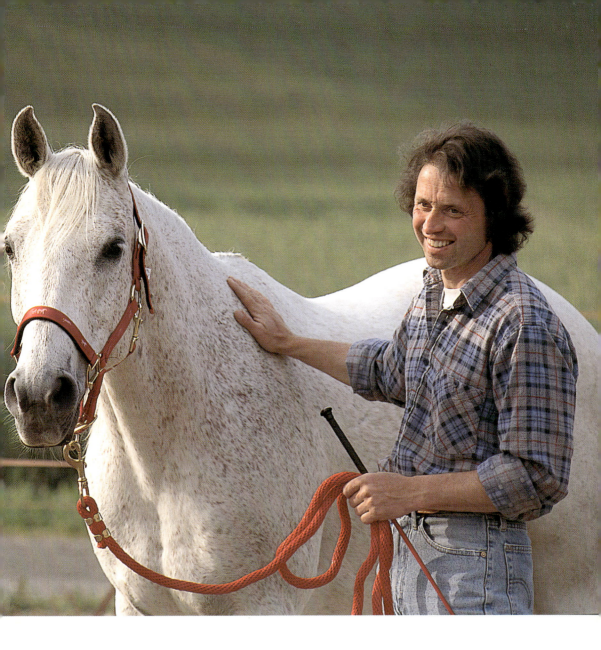

Franco Gorgi

Der Sohn italienischer Eltern wurde 1956 in Affoltern am Albis, Schweiz, geboren. Er hatte immer einen besonderen Draht zu Pferden. Mit 22 Jahren teilte er mit einer Freundin das erste Pferd, mit 25 Jahren kam er in den Besitz eines Maultieres, das durch seine spezielle Art seinen zukünftigen Weg wesentlich beeinflusste. Franco war immer bestrebt, möglichst viel über Pferde zu lernen, und pflegt stetige Kontakte mit Pferdefachleuten aus unterschiedlichen Stilrichtungen. Seine Faszination gilt heute dem Westernreiten, von den extremen Ausbildungsmethoden im Sport distanziert er sich jedoch. Als Reitpädagoge für Verhaltensauffällige arbeitete er im Laufe der Jahre mit verschiedensten Pferderassen. 1987 erwarb Franco den jungen Vollblutaraber El Aswan. Schon nach der Teilnahme an wenigen Turnieren wurde das Paar 1993 Schweizer Meister im Westernriding. Zur gleichen Zeit begann sich Franco immer intensiver für Freiheitsdressur zu interessieren und holte sich Informationen bei Alfred Schauberger und Berndt Otto. Bald studierten er und seine Frau Yvonne mit Tochter Sabrina, den Pflegekindern und El Aswan eine Clownnummer ein, welche an vielen Orten das Publikum begeisterte. 1996 war ein erfolgreiches Jahr: Franco Gorgi und El Aswan siegten in einem Wettbewerb für Freiheitsdressur und wurden zweifache Schweizer Meister im Westernriding. Seither verfeinert er ständig seine Beobachtungen und präzisiert den Aufbau der Freiheitsdressurübungen. Sein Wissen gibt er heute in Kursen, im Westernreiten und in der Freiheitsdressur weiter.

El Aswan

Der Vollblutaraber wurde 1983 geboren und kam 1987 knapp angeritten zu Franco Gorgi. Vom Gerittenwerden hielt er am Anfang nicht sehr viel, da er an verschiedenen körperlichen Problemen litt. Dank intensiver Freiheitsdressurübungen verschwanden seine Rückenschmerzen jedoch.

El Aswan ist stets bereit, Neues zu lernen, kann seinen Unwillen aber auch deutlich signalisieren. Seine größte Stärke ist, dass Franco in Extremsituationen immer auf ihn zählen kann. El Aswan ist eine Pferdepersönlichkeit mit einer enormen Vielseitigkeit. Er wird erfolgreich im Westernsport eingesetzt, geht am Wagen und ist in der Freiheitsdressur ein echter Star.